JN438909

김춘경

문학이 있는
인생은
고독하지 않다

문학이 있는 인생은 고독하지 않다

인쇄 | 2009년 5월 25일
발행 | 2009년 5월 29일

글쓴이 | 김춘경
펴낸이 | 장호병
펴낸곳 | 북랜드
110-999 서울 종로구 신문로1가 오피시아 1406호
대표전화 (02) 732-4574
팩시밀리 (02) 734-4574

등 록 일 | 1999년 11월 11일
등록번호 | 제13-615호
홈페이지 | www.bookland.co.kr
이-메일 | bookland@hanmail.net

주 간 | 곽홍렬
편 집 | 김인옥
영 업 | 최성진

ⓒ 김춘경, 2009, Printed in Korea

저자와 협의하여 인지를 생략합니다.

ISBN 978-89-7787-482-4 03810

값 11,000원

문학이 있는 인생은 고독하지 않다

글 · 낭송 김춘경 | 사진 박기현

북랜드

책을 내면서

살아오는 동안 내 인생에 문학이 없었더라면 지금쯤 얼마나 고독했을지를 생각해 본다. 나만의 빈 마음을 문학이라는 선물이 아니었으면 누가 채워주었을까.

돌이켜보면, 글에 목소리를 입혀 전달하는, 낭송을 즐겨온 지도 어느새 15년. 본격적으로 문인의 길로 들어선 기간보다 훨씬 긴 세월이다. 처음엔 취미삼아, 그저 시가 좋고, 들어주는 사람이 있다는 게 좋아서였지만, 이젠 다르다.

좋은 글 한 편이 얼마나 많은 사람들에게 위안이 되고 힘이 될 수도 있는지, 문인이라는 꼬리표를 달고 글을 쓰면서, 또 낭송을 하면서 스스로 더욱 깨닫기 때문에 결코 가볍지 않은 마음으로 계속 이 작업을 놓고 싶지 않다.

낭송칼럼시집을 내는 일이 그리 쉬운 작업은 아니었다. 내 노력의 산물이 누군가에게 희망이 되고 작은 위로가 된다면 그 이상 더 큰 보람이 있을까를 기대하며 스스로 만족한다.

이제 『문학이 있는 인생은 고독하지 않다』를 세상 밖으로 내보내면서, 우리 문학에서 낭송칼럼시집이라는, 아무도 시도하지 않은 새 영역에 첫 깃발을 꽂은 성취감을 오랫동안 간직하고 싶다.

그리고 어디선가 방황하고 있을 외로운 영혼들에게 전하고자 한다.

"문학이 있는 인생은 결코 고독하지 않더라."는 나의 이야기를…….

2009년 화창한 어느 봄날에

사공 김 춘 경

축하의 글

새 항로를 개척해 끊임없이 노를 젓는 '문화예술의 돛단배'

최세진 언론인 · 문화저널21 대표

'문화 예술을 사랑한다는 것'은 고통 속에서 인내하며 '존재'를 창출해 나가는, 사람과 사람 사이에 정이라는 길고 큰 강과 둑을 쌓고, 더러 함께 허물며 살아가는 모양새가 아닐까.

시인이자 낭송가인 김춘경은 사람 가운데에서 사랑을 낳고 그리는, 진한 사람 냄새 폴폴 풍기는 이다. 아무리 깎고 다듬어도 문화 예술 그 한가운데 폐부를 관통하는 것이 무엇인지를 알고, 온몸으로 그것을 노래한다.

가슴을 덜컥 열어젖히는 그녀의 시낭송에서 많은 이들은 아픔 속 상처를 치유받는다. 그녀의 목소리를 타고 순풍 속 평안한 인생 돛단배는 강풍 속 모진 비바람을 견뎌내고, 생사를 가르는 태풍 속을 항해하기도 한다.

문화저널21에 낭송칼럼을 기고해 온 김춘경 시인은 '문화예술 돛단배'에 깃발과 노를 만들어 새 항로를 개척한 진정한 문화인의 한 사람으로서, 살아있는 가슴으로 오직 나만의 문화예술 분야를 개척하려고 노력한다.

많은 이의 모진 삶을,
많은 이의 생사를 가르는 삶을,
아름답고, 소중하고, 감사하게 살아가라고,
희망을 갖고 간절히 구하라고,
그리고 행복하게 살라고…….

김춘경 시인의 진정한 삶의 노래와 글을 담은 이 책은 답답한 이 시대에 우리의 갈증을 풀어주는 시원한 청량제가 될 것이다.

『문학이 있는 인생은 고독하지 않다』의 출간을 진심으로 축하한다.

문화저널21 - http://mhj21.com

축하메시지

서정윤 시인

시를 낭송하는 것은
잠자는 산맥을 깨우는 일이다.
시에 생명의 힘을 불어넣는 일이다.
춤출 수 있는 리듬을, 태엽을 감아주는 일이다.
그냥 단순히 화장을 해서 예쁘게 보여주는 것이 아니라,
조금 덜 예쁘더라도 웃음을 자지러지게 웃는 것이며
또한 그 웃음의 기운을 이웃들에게,
같이 있는 친구들에게
나누어 주는 역할을 하는 것이다.
좋은 시, 마음이 따스해지는 시를 찾는 것은
스스로의 생령을 그렇게 하지 않으면 어려운 것이다.
그렇게 보면 김춘경 시인은 따뜻한 온기를 지닌 시인이다.
우리는 그의 시낭송과 함께하며
영혼의 리듬을
시에 맞추는 것이 좋겠다.

문학이 있는 인생은 고독하지 않다

김춘경 낭송칼럼 시집

책을 내면서 김춘경 6
축하의 글 최세진 7
축하 메시지 서정윤 8

1장 _ 하찮은 것들의 이름을 뜨겁게 불러주는

시작, 첫단추의 의미를 되새겨 보며 단추를 채우면서 천양희 17
아름다운 모습으로 아름다운 모습으로 김춘경 21
하찮은 것들의 이름을 뜨겁게 불러주는 어머니의 그륵 정일근 27
어떤 역경도 굴하지 않는 담쟁이처럼 담쟁이 도종환 31

2장 _ 함께 저물고 싶은 아름다운 사람에게

다시, 사람만이 희망이다 다시 박노해 39
함께 저물고 싶은 아름다운 사람에게 그대 지친 하루 기대고 싶은 날엔 김춘경 45
새봄의 연초록빛 기대감을 가슴에 놓고 따옴표 속에 서정윤 51
사시사철 그리운, 어머니를 부르며 어머니 편지 이해인 57

3장 _ 문학이 있는 인생은 고독하지 않다

꽃이 져도 화사한 이 봄날에 낙화 조지훈 65
문학이 있는 인생은 고독하지 않다 인생은 혼자라는 말밖엔 조병화 71
떠나고 싶은 계절, 가을에는 가을에는 기차를 타고 김춘경 77
저마다의 가슴에 희망찬 깃발을 꽂자 깃발 유치환 83

4장 _ 힘겨운 인생, 저녁만큼 어두워지지 말자

소중한 만남과 인연(因緣)을 꿈꾸며 우리가 물이 되어 강은교 91
행복한 詩, 행복한 결혼식 당신이라면 좋겠습니다 김춘경 97
힘겨운 인생, 저녁만큼 어두워지지 말자 저물어 그리워지는 것들 이기철 101
삶이 그대를 속일지라도, 희망을 삶이 그대를 속일지라도 푸슈킨 107

김춘경 책 속의 시집
문학이 있는 인생은 고독하지 않다

1 · 고독(Solitude) 누구나 외로운 사람이다

자화상 118

피아노 치는 여자 120

거울 속의 그대 122

고독에 관한 보고서 124

바람 저편에 서면 126

누구나 외로운 사람이다 127

정차(停車) 128

고백 129

부재(不在) 131

술 한잔 하시겠습니까 132

2· 사랑(Love) 사랑, 그리고 그리움

사랑의 방정식 134
네모난 사랑 136
사랑이란 138
사랑의 메아리 139
그래서 사랑입니다 140
사랑, 하찮은 사랑 141
쓸쓸한 사랑 142
사랑을 묻는 그대여 144
사랑, 그리고 그리움 145
봄처럼 사랑이 온다면 146

3· 그리움(Yearning) 그리움이 짙어질수록

파문(波紋) 148
먼 산에 노을 지면 150
마음 151
비처럼 음악이 흐르면 152
그리움의 까닭 153
기다림이란 155
그리움이 짙어질수록 156
바람이 불면 157
꿈길에서 158
그리움의 설산(雪山) 159

1장 _ 하찮은 것들의 이름을 뜨겁게 불러주는

시작, 첫단추의 의미를 되새겨 보며

단추를 채우면서 _ 천양희

단추를 채워 보니 알겠다
세상이 잘 채워지지 않는다는 걸
단추를 채우는 일이
단추만의 일이 아니라는 걸
단추를 채워 보니 알겠다
잘못 채운 첫 단추, 첫 연애, 첫 결혼, 첫 실패
누구에겐가 잘못하고
절하는 밤
잘못 채운 단추가
잘못을 깨운다
그래, 그래 산다는 건
옷에 매달린 단추의 구멍 찾기 같은 것이야.
단추를 채워 보니 알겠다
단추도 잘못 채워지기 쉽다는 걸
옷 한 벌 입기도 힘들다는 걸.

해마다 이때쯤이면 신학기 새 교실, 또는 학교 운동장에서 자주 듣던 이야기가 있다.

"첫 단추를 잘 채워야 한다"

첫 단추를 잘 끼워야 마지막에 후회를 안 한다는, 이 말은 처음에 시작을 잘해야 한다는 뜻이라는 건 누구나 짐작하는 사실이다.

졸업과 입학을 거듭하는 학생들에게 시작과 끝맺음의 중요성을 알리던 이 말은 비단 학생들에게만 많이 들리는 말은 아니다.

인생의 긴 여정을 가다 보면 크든 작든 간에 첫 단추를 잘못 채우고 후회하는 일이 종종 생기기 마련… 이 시의 6행에서처럼 잘못 채운 첫 단추, 첫 연애, 첫결혼, 첫 실패 등… 인생을 전환하는 계기가 되는 사랑과 결혼, 또는 공부나 사업 등 여러 가지 삶의 대소사에서 잘못된 그 첫 단추의 의미는 실로 대단한 것이라 할 수 있다.

시작이 반이라 했으니, 시작을 잘해야만이 그리 길지 않은 우리 인생을 보다 잘 살아갈 수 있지 않겠는가.

이 시는 날마다 입고 벗는 옷의 단추를 채우는, 사소한 일상의 행위를 통해 인생의 깨달음을 얻어낸 시인의 독백을 담은 교훈적인 좋은 시라 할 수 있다. 교훈이란 어떤 것에 대한 깨달음 뿐 아니라 후회와 반성하는 마음까지 내포하는 중요한 가르침이기에, 이런 좋은 교훈을 담은 시를 생생한 목소리를 통해 보다 진지하게 나 스스로에게 또는 다른 누군가에게 전달하고 느끼게 하는 일은 낭송이 가지는 또 다른 보람이고 행복이다. 갖가지 교훈이 들어있는 동화책을 어린이들이 많이 읽어야 미래가 밝아지듯, 이렇듯 좋은 글을 쓰고 낭송하는 일은 훌륭한 가르침을 전파하는 일이기에 좀 더 다양한 계층에게 보다 많은 저변확산이 필요한 것이다. 때문에 문인과 낭송가들이 가져야 할 또 하나의 사명감이기도 하다.

이 낭송시를 듣다 보면 나도 모르게 입고 있는 옷의 단추에 손이 가며 저절로 눈이 감긴다.

'아, 나는 지금까지 살아오면서 잘못 채운 첫 단추가 몇 개나 되는가?'

'잘못 채웠던 단추로 인해 얼마나 많은 시간을 돌아왔는가?'

바보같은 물음을 던지며 다시금 시를 읊어 본다.

– 누구에겐가 잘못하고
– 절하는 밤
– 잘못 채운 단추가
– 잘못을 깨운다
– 그래, 그래 산다는 건
– 옷에 매달린 단추의 구멍 찾기 같은 것이야.

누구에겐가 잘못하고 뉘우치는 밤이든, 혹은 누구에겐가 잘못됨을 인정받고 용서를 해주는 밤이든… 그 어느 쪽이 됐든 잘못된 걸 깨닫는다는 것은 비로소 잘못을 자각하는 동시에 다시 새롭게 시작할 수 있음을 알려 주는 중요한 일이다. 삶이라는 것이, 자칫 사소한 것처럼 보이는 단추의 구멍을 찾는 일처럼 작은 데서부터 비롯된다는 사실은 아무리 강조해도 지나치지 않은 것이다.

괴테는 "첫 단추를 잘못 끼우면 마지막 단추는 끼울 곳이 없다"고 했다는데, 그만큼 시작이 중요함은 더 말할 필요가 없는 일이고, 이런 중요한 메시지를 담은 글을 아름다운 낭송으로 전하는 일에 자부심을 가져야 함도 또한 더 말할 필요가 없는 일이다.

자, 이제 새봄을 맞은 이 시점에, 새 학기, 새 인생, 새 사업 등 여러 가지를 새로이 시작하는 모든 이들에게 다시금 나지막이 전해본다.

"단추를 채워 보니 알겠다. 잘못 채운 단추가 잘못을 깨운다."라고…

(2008.3.5 연재)

아 름 다 운 모 습 으 로

아름다운 모습으로 — 김춘경

우리사랑이 시작할 때처럼
나 당신 앞에 언제까지나
아름다운 모습으로 남고 싶습니다

비록..
가슴이 머물지 않는 곳으로
그대가 떠나 버린다 해도
처음처럼 당신을 사랑하겠습니다

우리사랑이 뜨겁던 그 때처럼
나 당신 앞에 오래도록
아름다운 모습으로 남고 싶습니다

정녕..
저만치 보이지 않는 곳으로
그대가 숨어 버린다 해도
그 때처럼 당신을 사랑하겠습니다

우리사랑이 끝나는 그 날까지
나 당신 앞에 영원토록
아름다운 모습으로 남고 싶습니다

그토록..
사랑이 없어 쓸쓸한 세상이
우리를 기다리고 있다 해도
지금처럼 당신을 사랑하겠습니다

아름다운 모습으로

4년 전쯤인가 보다. 그 당시 이 시가 한참 낭송시로 인터넷을 떠돌 때였는데, 어느 출판사에서 보낸 메일이 스팸메일로 들어와 한 달이 넘도록 열어 보질 않았었다. 나중에 열어 보니 이 시가 인터넷상의 네티즌 인기시로 채택되었다며 인터넷상의 인기시들을 모은 시집을 출판하고자 한다는 게재허락을 구하는 내용이었다. 늦은 확인으로 인해 결국 그 책에 실리지는 못했지만 인기시라는 말에 그래도 기분이 나쁘지는 않았던 기억이 난다.

낭송시는 지금도 호감도가 높지만 그 때만 해도 웬만한 문학사이트에서 녹음낭송시가 요즘처럼 그리 흔하게 올려져있을 때가 아니었던 터라 소리로 들을 수 있는 낭송시의 인기가 꽤나 높았다. 때문에 쉽게 써진 연서나 고백의 글처럼 보이는 이 시가 문학애호가 네티즌들한테 인기를 얻은 요인은 대중에게 다가가 공감받기 쉬운 사랑시라는 이유도 있었겠지만, 컴퓨터 앞에서 보고 들으며 시향을 공유할 수 있는 낭송시였던 덕을 톡톡히 봤으리라 생각된다.

이 시는 낭송에 특별한 기교를 넣지 않아도 순순히 시의 감정이 전해지도록 씌어진 읽기 쉬운 시라 할 수 있다. 시인들의 끈임 없는 화두인 사랑을 표현함에 있어, 그 사랑의 실체가 사람이든 신이든 혹은 다른 사물이든 詩 자체이든 간에, 시인 스스로 꺼내 놓은 사랑이란 명제 앞에 영원히 아름다운 모습으로 남고 싶은 마음을 노래함에 있어 목소리에 절실한 감정을 실어 편안하게 잘 전달된 시이다.

어떤 대상이든 누구나 사랑을 함에 있어 그 사랑이 시작될 때나 끝날 때나 한결같이 아름다운 모습을 유지한다는 일이 그리 쉬운 일은 아닐 것이다. 그런 쉽지 않음에 대한 간절한 바람을 목소리를 통해 듣는 사람의 가슴에 가깝게 다가가 느낌과 감정을 공유한다는 것이 바로 문학공감을 유도하는 시낭송의 매력인 것이다.

모든 글은 필자가 있으면 독자가 있게 마련이다. 그 독자의 가슴에 사람의 음향을 불어 넣어 가슴을 열고 공감을 유발시키는 일은 참으로 매력적인 일이 아닐 수 없다. 낭송인의 전달 여부에 따라 조금씩 차이는 있겠지만, 낭송을 듣는 동안은 모든 청취독자들이 시를 받아들임에 있어 시인의 감정을 공유하게 되는 것이다.

시문학의 꽃이라 할 수있는 시낭송, 이는 단순히 시를 포장해서 시의 소리를 목소리로 전달하는 정도의 역할만 하는 게 아니라 이제는 소리로 듣는 문학의 한 갈래로 각 문학사이트의 한 코너, 또는 각종 문학행사에서 순서에 없으면 이상할 정도의 중요한 위치를 차지하는 문학의 한 장르로 자리매김 되었다고 해도 과언이 아니다. 이런 맥락에서 볼 때 낭송은 문학이 살아 있는 한 문학인들과 독자들에게 지속적인 관심과 사랑으로 요구된다.

사랑 앞에 아름다운 모습으로 남고 싶은 시인처럼, 아름다운 모습으로 남고 싶은 또 다른 대상으로…

(2008.1.17 연재)

하찮은 것들의 이름을 뜨겁게 불러주는

어머니의 그륵 — 정일근

어머니는 그륵이라 쓰고 읽으신다
그륵이 아니라 그릇이 바른 말이지만
어머니에게 그릇은 그륵이다
물을 담아 오신 어머니의 그륵을 앞에 두고
그륵, 그륵 중얼거려 보면
그륵에 담긴 물이 편안한 수평을 찾고
어머니의 그륵에 담겨졌던 모든 것들이
사람의 체온처럼 따뜻했다는 것을 깨닫는다
나는 학교에서 그릇이라 배웠지만
어머니는 인생을 통해 그륵이라 배웠다
그래서 내가 담는 한 그릇의 물과
어머니가 담는 한 그륵의 물은 다르다
말 하나가 살아남기 위해서는
말과 하나가 되는 사람이 있어야 하는데
어머니는 어머니의 삶을 통해 말을 만드셨고
나는 사전을 통해 쉽게 말을 찾았다
무릇 시인이라면 하찮은 것들의 이름이라도
뜨겁게 살아 있도록 불러주어야 하는데
두툼한 개정판 국어사전을 자랑처럼 옆에 두고
서정시를 쓰는 내가 부끄러워진다

새로운 세상을 살다 보면 얻어지는 게 있는 반면 잃어버리는 게 있다. 컴퓨터의 발달로 얻어진 수많은 새로운 정보와 산업으로 인해 잃어버린 것들이 있는데, 그 중 하나가 바로 손때 묻은 두툼한 사전의 사용일 것이다.

30년 전, 필자가 단발머리와 갈래머리이던 시절에 중 · 고등학생들 책가방에 들어 있던 영어 사전, 국어 사전…

전자사전이나 인터넷 사전을 손쉽게 사용하는 요즈음 학생들 가방에선 쉽게 찾아 볼 수 없는 물건이다. 사전은 요즘은 학생들 뿐만 아니라 컴퓨터로 작업하는 어른들에게도 잘 사용되지 않고 있다. 어쩌면 자판의 몇 번의 두드림으로 지식이 해결되는 속도만큼 빠르게 잃어 가고 있는 우리의 옛 정서, 최소한 문인들한테서 만이라도 한 장 한 장 손 때 묻은 채 뜯겨 나가야 마땅한 국어사전. 그런 사전 속에도 없는 말이 있다.

어머니의 그륵… 이 시에 나오는 그륵이란, 시에 나오는 설명처럼 그릇[器]을 뜻하는 그릇의 방언으로 요즘 젊은 사람들에게선 쉽게 찾아 볼 수 없는 말이다.

시인의 어머니 인생을 고스란히 담아 낸 그륵…

낭송을 하는 동안 이 단어를 발음하면서 나도 모르게 내 마음에도 수평이 찾아짐은 옛 것의 정스러움을 그릇이 아닌 그륵에 담으신 시인의 어머니처럼 있는 그대로의 편안함을 낭송으로 표현함이 편안해서였을 것이다.

15년이 넘도록 꾸준히 낭송을 해 왔지만, 시를 읽고 낭송을 하다보면 현대시의 현란한 기교를 나름 기술적으로 표현하고 만족해 하는 것보다, 이 낭송에서처럼 옛 정서에 묻혀 수평을 찾은 그륵 속의 물만큼 한없는 따스함과 편안함에 더 행복을 느낄 때가 더 많다. 다른 사람을 위한 전달의 의

미뿐 아니라 내 스스로에게도 위안이 되고 행복이 되는 낭송, 바로 낭송이 갖는 매력이고 기쁨이 아닐 수 없다.

좋은 글의 보급은 좋은 정서를 만들어 낸다. 문학을 보급하는 형태가 최근더욱 다양해졌지만, 날로 증가하는 컴퓨터의 보급을 통해 소리로 가깝게 전하는 것처럼 좋은 방법도 없을 것이다. 다시 말하면 좋은 글을 낭송함은 아름다운 정서를 보급하는 일이다.

이는 나아가 낭송이 문학의 차원을 넘어서 옛것까지 되살리며 국민 정서를 책임지는 문화의 한 역할까지 수행함을 의미하기도 한다. 때문에 문인과 낭송가들의 어깨가 더욱 무거워져야 한다.

무릇 시인이라면 하찮은 것들의 이름이라도 뜨겁게 살아 있도록 불러주어야 한다는데…

두툼한 개정판 국어사전조차 옆에 두지 못하는 요즘 학생들에게 그륵이란 단어를 뜨겁게 소리내어 불러주며, 컴퓨터와 전자사전이 주는 정보의 바다와는 비교가 안될 만큼 크고 깊은 어머니의 사랑과 옛 것에 대한 소중함을 다시금 일깨워 주는 일은 무언가를 잃어 가고 있는 젊은 세대를 위해 기꺼이 소리내고 동참해 봐야할 일이 아니겠는가.

(2008.1.31 연재)

PENTAX

어떤 역경도 굴하지 않는 담쟁이처럼

담쟁이 — 도종환

저것은 벽
어쩔 수 없는 벽이라고 우리가 느낄 때
그때
담쟁이는 말없이 그 벽을 오른다
물 한 방울 없고 씨앗 한 톨 살아남을 수 없는
저것은 절망의 벽이라고 말할 때
담쟁이는 서두르지 않고 앞으로 나아간다
한 뼘이라도 꼭 여럿이 함께 손을 잡고 올라간다
푸르게 절망을 다 덮을 때까지
바로 그 절망을 잡고 놓지 않는다
저것은 넘을 수 없는 벽이라고 고개를 떨구고 있을 때
담쟁이 잎 하나는 담쟁이 잎 수천 개를 이끌고
결국 그 벽을 넘는다

세상을 살아가다 보면 더러는 절망하는 순간이 올 때가 있다. 형형색색 사람마다 모습이 다르듯 절망의 종류와 부피가 다를 뿐, 절망하는 순간의 참담함은 누구나 똑같으리라. 이런 순간 잠시라도 누군가 희망을 준다면 더없이 값진 일이 될 것이다.

이런 의미에서, 개개인뿐 아니라 단체나 기업, 나아가 국가와 사회에 까지 때로 절망 대신 희망을 꿈꿀 수 있도록 힘을 줄 수 있는 글을 생각해 본다면 단연 이 글을 떠올려 보게 된다.

- 저것은 넘을 수 없는 벽이라고 고개를 떨구고 있을 때
- 담쟁이 잎 하나는 담쟁이 잎 수천 개를 이끌고
- 결국 그 벽을 넘는다

담쟁이, 잎 하나가 절망의 벽을 말없이 수천 개의 잎을 끌고 힘차게 올라간다는 희망의 메시지를 담은 이 글에서, 담쟁이 잎 하나는 새 시대를 이끄는 선구자의 의미로 해석되기도 하여 지난 대선 때는 사람들 입에서 회자되며 훌륭한 지도자를 염원하는 말로 인용되기도 하였다.

또한, 이 글 8연에서의 "한 뼘이라도 꼭 여럿이 함께 손을 잡고 올라간다"는 구절은 협력과 화합을 통해 절망을 극복하는 의지의 표현으로서 기업체에서 사원들의 협력과 사기 함양을 위해 인용되기도 한다. 실제로 기사를 통해 알려진 내용으로, 모 증권회사에서는 사장이 이 시를 낭독하고 사원들이 담쟁이를 구호로 외치기도 하였고, 또 모 건설회사에서는 이 시를 담은 액자를 회사 내 곳곳에 걸어놓고 기업정신의 원동력으로 삼기도 하였다고 한다.

이렇듯 이 글은 누군가에게 희망을 줄 수 있는, 절망을 희망으로 바꾸는 힘을 주는, 분명 이 시대가 요구하는 좋은 글이라 아니할 수 없다. 정세가 불안하여 나라가 어수선하거나 경제가 불안하여 기업과 서민이 술렁이는 때라면 더욱이 이런 종류의 글을 사람들 마음에 심어 간접적으로나마 국민정서와 사회 안정에 도움이 될 수 있게 한다면 좋겠다는 생각이 든다. 좋은 글귀 하나가 사람의 일평생을 좌우할 수도 있다 하지 않는가. 때문에 이렇게 낭송으로 보급함 또한 보람과 기쁨으로 여겨진다 할 수 있겠다.

이 글의 낭송을 듣다 보니 또 하나의 기억이 맴돈다.

5년 전, 딸아이 중학교 졸업식장에서였다. 그 당시 중학교 학부모회장을 맡았던 이유로 졸업식에서 축사를 해야 했는데, 졸업과 동시에 새로운 생을 걸어가는 학생들에게 기억에 남는 글 하나를 전해 주고 싶어 고심 끝에 이 글을 골라 축사 끝머리에 낭송했던 적이 있다.

그 때 단상에서 학생들을 바라보며 이 글을 전하는 동안, 딸아이는 물론 졸업을 앞두고 심호흡을 한 수백 개의 눈동자들이 지치지 않는 희망의 눈빛을 발하며 전해 듣는 것 같은 느낌에 스스로 전율했던 기억이 이 낭송을 듣고 있는 지금 새삼 진한 행복감으로 밀려온다. 아마도 내가 시를 낭송하지 않았다면 도저히 맛볼 수 없는 순간이었으리라.

– 저것은 절망의 벽이라고 말할 때
– 담쟁이는 서두르지 않고 앞으로 나아간다
– 한 뼘이라도 꼭 여럿이 함께 손을 잡고 올라간다
– 푸르게 절망을 다 덮을 때까지
– 바로 그 절망을 잡고 놓지 않는다

어떤 역경에도 굴하지 않고 담쟁이처럼 절망의 순간에 희망을 품어 푸르게 절망을 극복해 내는 힘, 그 힘의 상징으로 비유되는 담쟁이는 바로 우리가 추구하는 삶의 의지요 꿈이라 할 수 있다. 때문에 여러 가지로 극심한 격동기에 이르는 요즘 같은 때엔 한 번쯤 더 읽어보고 크게 소리내어 보고 싶은 건지도 모르겠다.

여럿이 손을 꼭 잡고 한 뼘식 벽을 오르는 담쟁이처럼 함께 힘을 모아 헤쳐 나가는 마음을 가진다면 어떤 어려움도 거뜬히 헤쳐 나가지 않겠는가.

시낭송이 사람의 마음을 순화시킬 뿐 아니라 교화하고 정신력을 더욱 부추기고 북돋울 수 있음은 분명한 문학의 또 다른 축복이다. 문학이란 틀 속에 살아 있는 훌륭한 잠재의식을 바깥으로 당당히 끌어내는 힘, 이것이 바로 낭송의 커다란 장점이기 때문이다. 마치 담쟁이 잎 하나가 담쟁이 수천 개를 이끌고 벽을 넘듯 당당하게 문학의 벽을 넘는 힘이라고 하면 과언일까.

새로운 소망을 싹 틔우는 화창한 봄이다. 파란 잎이 여기저기 돋아나는 이 때 희망과 협력의 정신을 품고 당당하게 벽을 오르는 담쟁이를 그려보며 오늘은 스피커의 볼륨을 최대한 높여 커다랗게 이 낭송을 전하고 싶다.

절망하는 사람들에게, 또는 희망을 품는 이 시대의 모든 사람들에게…

(2008.3.19 연재)

2장 _ 함께 저물고 싶은 아름다운 사람에게

다 시 , 사 람 만 이 희 망 이 다

다시 — 박노해

희망찬 사람은
그 자신이 희망이다

길 찾는 사람은
그 자신이 새 길이다

참 좋은 사람은
그 자신이 이미 좋은 세상이다

사람 속에 들어 있다
사람에서 시작된다

다시
사람만이 희망이다

우리가 일생을 살아가면서 꼭 가져야 할 것이 있다면 단연 희망(希望)일 게다.

꿈이 실현되기를, 병이 낫기를, 부자가 되기를, 혹은 사랑을 얻기를…… 등등 인간에겐 수많은 바람이 있다. 절망의 반대말인 이 희망은 자신이 바라는 어떠한 상황이 벌어진다는 기대나 예측을 의미한다. 즉, 앞일에 대하여 기대를 가지고 바람, 또는 앞으로 잘될 수 있는 가능성을 뜻한다. 그런데 이처럼 무엇인가를 기대하고 바라는데 이루어지지 않는다면 얼마나 실망스럽고 좌절이 되겠는가.

단순한 기대감의 좌절 뿐 아니라 죽음을 생각할 만큼 커다란 위기나 절망이 다가왔을 때, 문득, 이럴 때 들려주고 싶은 글이 있다면 이 글이 떠오른다. 낭송을 하고 나서 나 스스로 희망을 다짐해보게 되었던 글.

– 희망찬 사람은
– 그 자신이 희망이다

– 길 찾는 사람은
– 그 자신이 새 길이다

앞의 두 연만 읽어봐도 알 수 있다. 절망의 순간에 희망을 품는 사람은 스스로 희망이 된다는, 길을 찾으려 노력하는 사람은 스스로 새로운 길이 된다는…….

몇 번을 읽고 되새겨도 참 좋은 구절이 아닐 수 없다. 이처럼 단순한 진리가 또 어디 있겠는가. 가만히 듣기만 해도 절로 희열이 솟구치는 느낌을 줌은 낭송하는 자체가 희망이 되어 버리게 한다.

희망을 심어 줄 수 있는 좋은 글을 읽고 낭송하여 절망에 처해 있는 사람에게 조금이라도 희망의 불씨를 싹트게 할 수 있게 하는 일은 어쩌면 낭송의 최대 목표요, 낭송가의 최대 임무라 해도 과언이 아닐 것이다.

문학이 인간에게 희망을 주는 일은 얼마나 멋진 일인가. 또한 더불어 낭송이 우리에게 희망을 나누는 일 또한 얼마나 행복한 일인가.

– 희망이란 본래 있다고도 할 수 없고 없다고도 할 수 없다.
– 그것은 마치 땅 위의 길과 같은 것이다.
– 본래 땅 위에는 길이 없었다.
– 걸어가는 사람이 많아지면
– 그것이 곧 길이 되는 것이다.

– 노신(魯迅)의 「고향」 중에서

위에서처럼 중국문학의 거장인 루쉰도 희망을 사람이 걸어야 할 길이라 표현했는데, 이는 이 글을 쓴 시인의 시심과도 일맥상통한다.

희망은 곧 길이요, 그 길은 사람이 걸어갈 때 비로소 가치를 부여받는 것이다.

– 사람 속에 들어 있다
– 사람에서 시작된다

– 다시
– 사람만이 희망이다

위의 구절에서 보이듯, 희망은 사람 스스로 만드는 것이고, 사람만이 가질 수 있고, 이룰 수 있는 인간의 위대한 성과물이라 할 수 있다. 때문에 우리가 좋은 세상을 만들려면 우리 스스로가 길을 찾고 희망을 가져야 한다.

독일의 문호 도스토예프스키는 “꿈을 밀고 나가는 힘은 이성이 아니라 희망이며, 두뇌가 아니라 심장이다”라고 했고, 로마의 철학자 키케로는 “삶이 있는 한 희망도 있다”고 말했다. 또한 루터는 “이 세상을 움직이는 힘은 희망이다”라고 했다.

우리가 바라고 꿈꾸는 꿈을 이루려면 아무리 힘들고 어려운 일이라도 헤쳐 나갈 수 있도록 희망을 가져야 한다.

희망으로 척박한 가슴에 시들어 버린 절망을 다시 꽃피울 수 있다면, 희망 속에서 메마른 영혼의 상실을 되찾을 수 있다면 우리가 살아 있음이 참으로 아름다운 일이 아니겠는가.

요즘처럼 아집과 불신이 팽배한 어수선한 우리 사회에는 더욱이 희망이 필요하다. 연일 쇠고기 수입문제로 팽배한 대립과정 등을 보이고 있는 이 때에 우리 모두가 함께 바른 길을 찾고 걷는다면, 참된 희망을 공유한다면 다 함께 행복하고 좋은 세상이 있지 않을까. 이 세상을 움직이는 힘은 희망이라 하지 않는가. 촛불을 켜는 마음과 촛불을 끄는 마음이 하나가 되어 좋은 세상을 위해 함께 손잡고 길을 걸을 수 있도록 희망을 품어 본다.

나시 사람만이 희망이기에, 사람에서 시작되기에…

(2008.6.11 연재)

함께 저물고 싶은 아름다운 사람에게

그대 지친 하루 기대고 싶은 날엔 — 김춘경

사랑하는 사람아
그대 지친 하루 기대고 싶은 날엔
저녁놀 아름다운 강가에 서서
묵묵히 빛 밝혀 세상을 지켜 낸
태양보다 값진 어제를 바라다보자

그대 지나온 시간 보석처럼 빛나
강물 위에 소리없이 흐르고
지는 하늘 가득 고운 피땀으로
붉은 석양 수놓을 때
무거운 어깨 새 등을 타고 날아가리

오늘을 사는 이유 서러워
쏟아진 눈물 강둑을 메워도
불어나지 않고 흐르는 강물
바람도 잠든 이 저녁에
그대, 밝은 내일 또 꿈꾸어 보자

함께 저물어도 슬프지 않을
아름다운 사람아

언제부턴가 우리 사회에는 고개숙인 가장이 늘어가고 있다. 일생을 뼈빠지게 일해 가족을 부양하고 헌신하며, 자식들 가르치고 가족을 책임져 온 가장이라 불리는 우리의 아버지들, 그리고 남편들.

급격한 여권신장운동에 부응해 집 밖으로 뛰쳐나온 주부들의 다양한 사회 참여, 맞벌이 등으로 사회적으로나 경제적으로 여성에게 기세가 꺾여 사는 가장들이 많아진 요즘이다. 심지어 잠자는 아내 깨울까 봐 살며시 토스트 한 쪽 구워 먹고 출근하거나, 바쁜 아내 대신 저녁시장에 들러 찬거리를 사 들고 들어오는 남편이 늘고 있는 요즘, 또 생선 가운데 토막이 가장의 몫에서 아이들 몫으로 당연히 바뀌어 버린, 위아래도 없는 시대를 우리의 가장들은 그다지 불평없이 살아가고 있는 실정이다.

이렇듯 쇠약해진 가장들이 직장이나 가정, 또는 사회 곳곳에서 일과 사람에 지쳐 피곤한 삶의 모습을 보일 때, 그 사람이 바로 소중한 내 사람이라고 한다면 어떻게 그를 위로할 수 있을까를 생각해 보게 한다. 이럴 때 위로할 수 있는 방법이 물론 여러 가지가 있겠지만, 그의 값진 노고를 치하하고 격려해 줄 수 있는 글을 하나 골라 진지한 가슴으로 그의 옆에서 담담히 읽어 준다면 어떠할까?

– 그대 지나온 시간 보석처럼 빛나
– 강물 위에 소리없이 흐르고
– 지는 하늘 가득 고운 피땀으로
– 붉은 석양 수놓을 때
– 무거운 어깨 새 등을 타고 날아가리

그대가 피땀으로 일궈 온 삶의 흔적들이 알알이 보석처럼 빛나는 값진 것이었다고 말해 주는 이 구절로 사랑하는 이의 지치고 힘든 어깨를 활짝 펴게 해 줄 수 있다면, 더구나 그 사람의 곁에서 함께 저물어도 좋을 사랑하는 사람의 진심 어린 목소리로 들려준다면, 아마도 그것처럼 효과 높은 피로회복제는 없으리라.

자칫 문학의 덤처럼 여겨지는 낭송을 이렇게 우리 생활 속에서 자연스럽게 적절히 사용해 보는 일은 문학인이든 비문학인이든 행복한 삶을 추구하는 또 하나의 생활의 즐거움이라 할 수 있다.

낭송이란 문학의 한 장르 옆에서 단순히 문학을 포장하기 위해 뜻없는 소리로만 시행되는 것이 아니다. 문학이 가진 깊은 의미를 우리들의 삶과 인생에 직접적으로 연결시켜 진실한 가슴을 전달할 수 있는, 살아 있는 문학을 만드는데 중요한 홍보대사의 역할을 하는 또 하나의 중요한 문학의 한 장르이다. 이것이 바로 낭송의 위력이요, 매력으로, 묵묵히 빛 밝혀 세상을 지켜 내는 또 다른 힘인 것이다.

두해 전쯤인가 보다. 같은 지역 내의 연배이신 문인 한 분께서 지역의 문협 게시판에 올린 글의 내용 중에, 이 시가 좋아 100번도 더 읽으셨다는 글이 눈에 띄어 내 문학카페로 옮겨온 적이 있었다. 평소 시낭송을 즐겨 듣기위해 나의 홈페이지 방문을 자주 하셨다는 그분은 결국 나중에 이 시를 암송해 어느 문학행사에서 시낭송까지 했다는 이야기를 듣고 감사한 마음과 함께 뿌듯한 마음을 감추지 못했던 일이 생각난다.

그 당시 그분께선 문학에 대한 열정이 남다른 점도 있었겠지만, 이 시를 100번이나 읽고 외워 낭송을 했음은, 시가 주는 메시지를 진심으로 공감하고 100번을 읽고 외우는 노력과 행위를 통해 그가 걸어온 지친 삶에 위로를 받고자 스스로 최면을 걸려고 했던 게 아닌가 추측해 보게 된다. 그래서인지 이 시낭송을 들을 때면 그 분의 모습이 떠오르며 입가에 미소가 번지고 고개가 숙여진다.

어떤 글이 됐든 자신의 글 또는 낭송이 누군가의 지친 삶에 위안이 되고 등불이 된다면, 문인으로서 낭송인으로서 그처럼 보람되고 행복한 일이 또 어디 있겠는가. 그래서 인지 오늘따라 이 낭송이 더욱 크게 들리고, 어디선가 지친 삶을 위로 받고 싶은 누군가를 떠올리며 큰 소리로 따라 읽고 싶어진다.

자, 이 땅의 모든 사랑하는 사람들이여,

함께 저물어도 좋을 아름다운 사람을 위해 한 번쯤 그에게 위로와 격려가 되는 글을 담담히 읽어 주어 보자.

그대 지친 하루 기대고 싶은 날, 혹은 위로 받고 싶은 그런 날에는…

(2008.4.2 연재)

새봄의 연초록빛 기대감을 가슴에 놓고

따옴표 속에 — 서정윤

당신을 사랑한다는 그 말,
어디에고 표시하고 싶었다
눈부신 봄병아리 노란 솜털에 적어
연초록 꿈이 돋는 앞마당에 내어놓는다
또르르르 몰려다니는 발자국 흔적마다
사랑한다,
사랑한다 새겨지고…

소리치는 낙엽들 바스락거리며
손잡아달라고 덜컹이는 들창문 틈새 지나는
바람의 목소리 되어
겨울 언덕 밭이랑 달리며 외친다

당신의 따옴표 속에 있을 수 있다면
지친 들판 혼자 우쭐대는 허수아비도
투명한 겨울 단풍의 마지막 아름다움도
눈발 타고 떠나는
북풍의 새털구름도 부럽지 않다

많이 사랑한다는 그 말
이제는 내 입술에 그려져 있다
별보다 까만 눈 속에 숨겨져 있다
단 하나만을 사랑할 마음, 샘물로 솟아나
지워지지 않는 표식이 되어
나를 적시며 흐르고 있다
당신의 따옴표 속에…

재작년 가을인가 보다. 교통사고로 일주일 정도 병원에 입원해 있을 때인데, 병실에서 서정윤 시인께서 집으로 보내 주신 시집 두 권을 전해받고는 무척 설레었던 생각이 난다. 그 중 한 권이 『따옴표 속에』라는 시집, 수록되어 있는 이 글을 몇 번인가를 새겨 읽으면서 퇴원하면 꼭 한 번 낭송해 봐야겠다 생각했었던 기억이 난다.

한세상을 살아가면서 사람이 사람에게 사랑한다는 말을 얼마나 주고 받으며 살고 있을까?

마음속 말이 입에서 맴돌아도 때론 쉽게 표현하지 못하는 "사랑한다"는 말. 젊은 연인들 사이에선 너무 흔히 쏟아내 홍수를 이루는 말이기도 하지만 표현이 내밀한 중장년층에겐 꺼내기가 그리 쉽지만은 않은 말이기도 하다.

사랑, 이 사랑이란 낱말의 사전적 의미를 찾아보면 첫 번째는 아끼고 위하는 따뜻한 마음이요, 두 번째는 이성(異性)을 애틋이 그리워함이요, 세 번째는 동정하여 친절히 대하고 너그럽게 베푸는 마음임을 알 수 있다. 성경에서는 사랑이란 단어를, 사람을 불쌍히 여겨 구원과 행복을 베푸는 일이라 정의하고 있는데, 바로 세 번째 사전적 의미와 같다고 할 수 있다. "사랑한다"라고 표현했을 때 비로소 타인과의 관계에서 완성되는 말. 몇 번째 사전적 의미이든 간에 이 사랑이란 말로 아끼고 위하는 따뜻한 마음, 애틋이 그리워하는 마음, 또는 베푸는 마음을 주고 받는다는 것은 인간관계에서 추구하는 진정한 행복 그 자체일 것이다.

이 시는 누군가에게 사랑한다는 말을 표시로라도 전하고 싶고, 또 상대에게 듣고 싶은 마음이 간절한 글이다. 사랑에 대해 누구나 함께 공감하며 바라는 마음을 쉽게 자신의 몫으로 돌릴 수 있는 글이라 할 수 있다. 이 글의 낭송에서 "사랑한다" "사랑한다"를 반복해 소리내며 그 순간 스스로

주체가 되어 누군가에게 사랑을 전하고 또 바라는 일에 빠져 보는 일은 그냥 눈으로 읽었을 때 보단 훨씬 더 큰 감정이입의 효과를 가진다.

낭송은 글의 감정을 목소리를 통해 증폭시키는 일을 한다, 시인이나 낭송가가 아니더라도 한 번 이 시구를 감정을 담아 큰 소리 내서 따라 읽어보거나, 혹은 귀 귀울여 들어본다면 아마도 "사랑한다"는 말을 누군가에게 금방 자신이 전한 듯이, 혹은 들은 듯한 느낌을 받을 수 있을 것이다.

이렇듯 문학에 소리를 가미시켜 인간의 감정을 증폭시키는 일, 소리를 통해서 증폭된 감정을 공감하고 전달하며 전율시키는 일, 이는 낭송이 갖는 또 하나의 매력이요 의무이기도 하다. 또한 문학에서 낭송이란 카테고리가 사랑을 받는 이유라고도 할 수 있는 것이다.

봇물 터지듯 문학의 홍수를 이루며 등장하는 수많은 사랑시들이 낭송시로 쉽게 채택되는 이유 또한, 이렇듯 누구나 바라는 감정을 글이란 매개체를 통해 쉽게 느끼고 전하고 싶어서일 것이다. 낭송을 통해 잠재워져 있는 감정을 끄집어 낸은 글을 읽는 독서와 청취자 모두에게 행복한 일이기 때문이다.

낭송은 또한 글의 이미지 전달에 큰 기여를 하기도 한다.

예를 들어 이 글의 1연을 먼저 눈으로만 읽어보고 다음에 눈을 감고 낭송을 들어보자.

– 당신을 사랑한다는 그 말,
– 어디에고 표시하고 싶었다
– 눈부신 봄병아리 노란 솜털에 적어
– 연초록 꿈이 돋는 앞마당에 내어놓는다
– 또르르르 몰려다니는 발자국 흔적마다
– 사랑한다,

– 사랑한다 새겨지고…

글만 읽었을 때는 연초록 앞마당에 몰려다니는 봄병아리 흔적에 새겨지는 '사랑한다' 라는 글자가 보이기만 하지만, 눈을 감고 귀기울여 낭송을 들었을 때는 이미지는 물론 '사랑한다' 라는 말을 내가 누군가에게 전하는 듯 자신의 목소리가 환청처럼 들릴 것이다. 다시 말하면 단순한 이미지가 생생한 음향효과를 지닌 멋진 영상으로 탈바꿈 한다는 이야기다. 이런 의미에서 낭송은 문학의 가치를 높이고 향상시키는 일에 보다 큰 역할을 하는 즐거운 묘미인 것이다.

이러한 이유들이 문학을 하는 내 자신에게도 때론 많은 에너지를 빼앗아 가 힘에 부치기도 한 낭송이란 타이틀을 벗어날 수 있게 하는 것 같다.

이 낭송시를 대하면서 위의 1연을 보니 한 가지 에피소드로 이 글을 낭송할 때가 생각난다. 작년 가을, 시집을 출판하면서 함께 출간하는 기념낭송시디에 담기 위해서 녹음실에서 이 글을 녹음할 때인데, 유독 1연에 나오는 '또르르르' 라는 단어에서 낭송이 브레이크가 걸려 수차례 다시 녹음을 했던 기억이다. 그냥 '또르르' 였다면 발음하기가 매끄러웠을 텐데 이 '또르르르' 는 왜 그리도 발음이 뭉치는지… 예정된 녹음실 스케줄에 맞추어야 했기도 하지만, 장시간 녹음에 지쳐 결국 정작 가라앉은 목소리로 녹음을 마쳐야 했음이 지금까지도 내내 아쉬움으로 남는다.

지나간 것들은 다 아름답다고 했는가. 그래서 인지 낭송을 하면서 쌓아온 사소한 추억들이 다 소중하기만 하다. 다가올 새봄에는 또 어떤 추억들이 쌓일지 살며시 가늠해 보면서 연초록빛 기대감을 가슴 한 편에 놓고 조용히 눈을 감아 본다.

'또르르르' 새겨지는 "사랑한다"는 말을 마음의 창으로 보고 들으면서…

(2008.2.19 연재)

12"

사시사철 그리운, 어머니를 부르며

어머니 편지 — 이해인

철 따라 내게 보내는
어머니 편지에는
어머니의 향기와
추억이 묻어 있다

당신이 무치던
산나물 향기 같은 봄 편지에는
어린 동생의 손목을 잡고
시장 간 당신을 기다리던
낯익은 골목길이 보인다

당신이 입으시던
옥색 모시 적삼처럼
깨끗하고 시원한 여름 편지에는
우리가 잠자는 새
빨간 봉숭아 물 손톱에 들여 주던
당신의 사랑이 출렁인다

당신이 정성껏
문 창호지에 끼워 바르던
국화잎 내음의 가을 편지에는
어느 날
딸을 보내고
목메어 돌아서던
당신의 쓸쓸한 뒷모습이 보인다

당신이 다듬이질하던
하얀 옥양목 같은 겨울 편지에는
꿇어서 묵주알 굴리는
당신의 기도가 흰 눈처럼 쌓여 있다

철 따라 아름다운
당신의 편지 속에
나는 늘 사랑받는 아이로 남아
어머니만이 읽을 수 있는
색동의 시들을
가슴에 개켜둔다

옛날부터 동양에서는 어머니를 바다에 비유하기도 한다.

끝없이 깊고 한없이 넓은 마음, 바다처럼 깊고 넓은 마음을 가진 어머니란 이름은 아무리 불러도 마를 수가 없는, 우리들 가슴을 흐르는 영원불멸의 그리움의 언어다. 나이 불문, 지위 여하를 막론하고 어머니라는 커다란 이름 앞에선 누구나 작고 어린 자이기에, 따스한 품을 그리며 사랑을 부르고, 새록새록 그 사랑 앞에 무릎을 꿇고 감사와 참회에 대한 눈물을 흘리는지도 모른다.

어머니로 살아가고 있는 불혹의 나이인 필자도 유년의 아릿한 추억을 더듬어 보면 고사리 같은 작은 손에는 늘 꼭 잡은 어머니의 따스한 손이 있다. 지금은 멀리 외국에 계시기에 그 따스한 손을 자주 잡을 수가 없어 더욱이 늘 그리운 어머니.

이 시를 낭송하면서 눈물을 한 바가지쯤 흘렸다고 하면 과장일까

유독 어버이날이 있는 특별한 5월이어서가 아니라, 어머니란 단어는 그 어느 누구에게나 사시사철 그리움이요 사랑이기에 이 시는 더욱 가슴 깊이 다가온다. 그래서 이 시를 낭송할 때는 특별히 감정에 낭송의 기교를 불어 넣을 필요가 없다. 저절로 시에 나타나는 시어의 주인공이 나 자신이 되기에 가슴 밑바닥에서부터 펌프질을 하듯 솟아오르는 느낌을 그대로 뱉어 내기만 하면 된다. 그리하여 낭송을 하면서 어머니를 추억하고, 어머니의, 바다같이 깊은 사랑을 되새기며 한없는 그리움을 쏟아 내기만 하면 된다.

– 당신이 무치던 / 산나물 향기 같은 봄 편지에는 – (2연 중에서)
– 옥색 모시 적삼처럼 / 깨끗하고 시원한 여름 편지에는 – (3연 중에서)
– 문창호지에 끼워 바르던 / 국화잎 내음의 가을 편지에는 – (4연 중에서)
– 당신이 다듬이질하던 / 하얀 옥양목 같은 겨울 편지에는 – (5연 중에서)

이 시에서는 위에서 보듯 사계절의 추억을 통해 시인은 어머니께 받은 편지라는 시어로 어머니에 대한 그리움을 표현한다.

산나물 향기같이 향기로운 유년의 기다림 속에 비치는 어머니, 옥색 모시 적삼에서 풍기는 정갈하고 단아한 어머니의 자상함과 사랑, 창호지 문에 끼워진 국화잎의 가을같이 쓸쓸한 모습의 어머니, 다듬이질로 다듬어진 흰 옥양목처럼 인고의 세월 속에 자식을 걱정하시는 어머니…

– 어느 날
– 딸을 보내고
– 목메어 돌아서던
– 당신의 쓸쓸한 뒷모습이 보인다

이 부분에서 목메지 않을 수 없음은 성장해서 어떤 형태로든 어머니 곁을 떠나 본 경험이 있는 이 세상 모든 딸이라면 절실히 와 닿는 감정일 것이다. 언제였던가, 필자에게도 이런 순간이 몇 번의 아련한 기억으로 가슴 밑바닥을 맴돌아 눈을 감아도 눈물이 고인다.

비단 수도자의 길을 가고 있는 시인의 특별한 내면의 언어여서가 아니다. 어머니란 위대한 명제는 우리 모두의 언어이기에 시를 읽고 들으면서 비슷한 경험을 기억하며 똑같은 감정을 쏟아 내는 것이다. 낭송이 주는 특별한 전율을 통해서 더욱…

곁에 있을 때 잘하라는 말이 곁에 없을 때 크게 다가옴은, 보답을 표현하고 싶어도 할 수 없는 사람에겐 아픔일 수 있다. 살아가면서 사는 일이 힘들거나, 살다가 이유없이 뼈마디가 쑤시는 날, 혹은 대책없이 눈물이 쏟아지는 날이면 더욱 보고 싶을 우리의 어머니…

그리운 어머니, 사랑하는 그 어머니를 위해서 오늘 하루라도 어머니를 생각할 수 있는 글로, 낭송으로 그분을 만나 추억과 회상의 기쁨과 슬픔을 공유하며 마음으로나마 보답을 드려 봄을, 어머니가 그리운 모든 이들에게 권하고 싶다.

모든 것을 포용하는, 넓고 깊은 바다같이 위대하고 절실한 어머니의 사랑…

사소한 일로 젊은이가 할머니를 폭행하는 일까지 벌어지고 있는, 점점 더 인륜이 무너져 감을 실감케 하는 요즘 세태에, 이 땅을 짊어지고 갈 젊은 세대인 우리 자녀들의 사라져 가는 도덕관의 정립과 메말라 가는 정서를 위해서라도 이렇듯 부모의 사랑을 생각하고 느끼게 하는 따스한 글이 좀 더 널리 세상에 읽혀지고 들려졌으면 하는 바람이다.

" 어머니~!"

나지막히 어머니를 불러본다

그리운 어머니의 품 안에서 어머니만이 읽을 수 있는 색동의 시들을 가슴에 개켜 두며…

(2008.5.21 연재)

3장 _ 문학이 있는 인생은 고독하지 않다

꽃이 져도 화사한 이 봄날에

낙화 — 조지훈

꽃이 지기로소니
바람을 탓하랴.

주렴 밖에 성긴 별이
하나 둘 스러지고,

귀촉도 울음 뒤에
머언 산이 다가서다.

촛불을 꺼야 하리
꽃이 지는데

꽃 지는 그림자
뜰에 어리어

하이얀 미닫이가
우련 붉어라.

묻혀서 사는 이의
고운 마음을

아는 이 있을까
저허하노니

꽃이 지는 아침은
울고 싶어라.

"꽃이 지는 아침은 울고 싶어라"

봄이다 싶더니 어느새 이 한 구절에 가슴이 쓰러지는 완연한 봄날이다. 연분홍 치마 휘날리며 만발하던 벚꽃도 젖어드는 꽃비로 떨어져 추억을 적신 채 사라져 버리고, 섬진강변 매화꽃도, 선운사 동백꽃도, 개나리, 진달래도 모두 여기저기 봄비 내린 흔적 따라 잊어야 할 중중의 기억들마냥 화사하게 피어난 봄꽃들이 한 잎씩 져 버렸다.

혹자는 오는 것은 기어코 가고, 맺힌 것은 풀어지며, 숨은 것들은 드러나는 게 세상 이치라 했는데, 여린 마음 들뜨게 만드는 이 화창한 봄날, 별반 온 것도, 드러난 것도 없는 세상, 한 잎씩 지고 마는 꽃잎을 보면서 덩달아 가는 세월 놓치고 싶지 않은 여심이 욕심이라면 과한 것일까?

해마다 이맘때쯤 분분히 떨어지는 꽃잎을 보며 읊조리고 싶은 시 한 편이 있다면 바로 이 시, 청록파 시인 조지훈의 「낙화」다.

이 시는 피었다 지는 꽃을 바라보며 그 아름다움이 사라지는 서글픔을 차분하게 노래해, 인생의 덧없음을 특별한 비유없이 표현해낸 묘사적 심상이 도드라진 시이다.

특히 이 시의 첫 구절 '꽃이 지기로소니 바람을 탓하랴' 와 마지막 구절 '꽃이 지는 아침은 울고 싶어라' 는 시의 문학적 해석이나 성취와 관계없이 정치인 또는 칼럼니스트 등, 여러 사람들의 글이나 말 속에 많이 인용되기도 한다.

이러한 시 속에 내포된 절제된 언어의 깊은 뜻을, 낭송을 통해 가슴 속 밑바닥에서부터 끄집어내 펼쳐 봄은 즐거운 작업이 아닐 수 없다.

– 꽃이 지기로소니
– 바람을 탓하랴

시의 첫 구절을 천천히 되새겨 읊어 보자. 이 한 구절만 가지고도 이 시가 나타내고자 하는 자연의 섭리에 대해 거부할 수 없는 무언가를 느낄 수가 있다. 바람은 꽃을 지게 하는 힘일 수 있지만 바람을 탓하지 않고 자연에 순응한다는 시인의 심상을, 소리를 통해 다시금 확인하는 작업, 바로 낭송의 재미라 할 수 있다.

꽃이 지기로소니 / 바람을 탓하랴. // 주렴 밖에 성긴 별이 / 하나 둘 스러지고, // 귀촉도 울음 뒤에 / 머언 산이 다가서다. // 촛불을 꺼야 하리 / 꽃이 지는데 // 꽃지는 그림자 / 뜰에 어리어 // 하이얀 미닫이가 / 우련 붉어라. // 묻혀서 사는 이의 / 고운 마음을 // 아는 이 있을까 / 저허하노니 // 꽃이 지는 아침은 / 울고 싶어라.

꽃이 진다. 방 안에서 구슬발 뒤로 보이는 밤하늘에 드문드문 별이 보이고, 소쩍새 울음 뒤에 먼 산이 다가오는 듯한 배경에, 깊은 밤 떨어지는 꽃잎이 달빛에 어려 창호지문에 비치는 풍광, 아침에 일어나 보니 꽃진 모습에 울고 싶은 심정이 한 폭의 그림처럼 묘사된 아름다운 글, 이런 글을 깊이 공감하며 차분한 어조로 시인의 심상 속에 앉아 낭송해 봄은 참으로 행복한 일이다.

아니, 직접 낭송을 하지 않더라도 눈을 감고 듣기만 해도 참 좋은, 슬프지만 아름답기 그지없는 꽃 지는 봄날의 행복이 아닐까.

이처럼 낭송은 시가 가진 서글픈 의미도 행복으로 승화시키는 힘이 있다.

시의 내용은 꽃이 져서 울고 싶지만, 낭송을 하는 이나 듣는 이는 낭송에 심취해 시 속에 빠져들어 꽃이 져도 행복하다는 이율배반적인 말이 통한다. 세상에 봄소식을 알리며 피었던 온갖 꽃들이 사라져 버려도 울림을 통해 꽃의 아름다운 잔상은 가슴 속에 영원히 남을 수 있기에…

봄꽃이 하나 둘 떨어지는 요즘 우리 사회는, 보따리 풀린 삼성특검에 이어 쇠고기 수입 개방으로 인한 광우병 논란에 이르기까지, 떨어져 뒹구는 꽃잎들처럼 여기저기에 어지럽고 시끄러운 문제들로 무성하다.

오는 것은 기어코 가고, 맺힌 것은 풀어지며, 숨은 것들은 드러나는 게 세상 이치라 했으니, 시인이 아니라 해도, 꽃이 지는 아침엔 울고 싶은 마음 안고 묵묵히 가는 봄날 붙들지 못하는 심정으로 좋은 소식들을 기다려 볼 일이다. 오는 것이 기어코 간다면 가는 것은 또 기어코 오지 않겠는가.

이 낭송을 들으며 금년 40주기를 맞는 진정한 풍류시인의 「낙화」의 의미를 새삼 되새겨 본다. 꽃이 져도 눈부시게 화사한 이 봄날에…

(2008.4.30 연재)

인생은 혼자라는 말 밖엔 — 조병화

나보다 더 외로운 사람에게
외롭다는 편지를 보내는 것은
사치스러운 심사라고 생각하시겠지요

나보다 더 쓸쓸한 사람에게
쓸쓸하다는 시를 보내는 것은
가당치 않는 일이라고 생각하시겠지요

그리고, 나보다 더 그리운 처지에 있는 사람에게
그립다는 사연을 엮어서 보낸다는 것은
인생을 아직 모르는 철없는 짓 이라고 생각하겠지요

아, 나는 이렇게 아직
당신에게는 나의 말을 전할
아무런 말이 없습니다

그저 인생은 혼자라는 말 밖엔

어느 날 문득 '자신이 이 세상에서 혼자라고 느껴 본 일이 있는가?' 라고 물으면 '없다' 라고 대답할 사람이 몇 명이나 될까? 가족이든, 연인이든 자신을 사랑하는 사람이 누군가 곁에 있어도 인간에게 어느 순간 고독은 찾아들기 마련이다.

나이가 들어갈수록 세월이 빠르게 지나감을 깨닫곤 한다. 이는 저절로 나이를 먹는 일이 누구에게나 공평하게 찾아오는 일인 것처럼, 바람이 스산히 불거나, 떨어져 구르는 낙엽 하나에 울컥 외로움을 느끼며 또 한 번 계절을 맞으며 진한 고독감을 갖는 것은 새삼 내 자신에게만 있는 일은 아닐 것이다.

고독이란 무엇인가? 혹자는 '무엇을 향한 의식' 이라는 인간의 보편적 특성 때문에 인간은 자기 완결적이지 못하며 그로 인해 대상을 찾게 되고 그러한 내적인 부재로 인해 고독을 느끼는 것이라고 말한다. 또한 인간은 의식하는 존재이기 때문에 고독을 깨닫건 깨닫지 못하건 우리는 고독과 더불어 살 수밖에 없다고도 한다. 때문에 고독(孤獨)하다는 말의 사전적 의미가 세상에 홀로 떨어져 있는 듯이 매우 외롭고 쓸쓸하다는 뜻인 게 어쩌면 지극히 당연한지도 모르겠다.

미국의 사회학자인 데이비드 리스먼이 '군중속의 고독' 이라는 표현으로 인간이 갈수록 복잡해지는 현대사회에서 수많은 사람들의 관계 속에서도 고독을 느끼고 살아감을 대변한 것이나, 파스칼이 인간은 혼자서 죽어가지 않으면 안 되는 존재이기 때문에 혼자 살아야 한다고 고독의 본질을 역설적으로 표현한 것이나, 결국 인간은 외로운 존재임을 강조하고 있음을 알 수 있다.

혼자라는 말처럼 서글픈 언어는 없다. 우리는 지극히 이 세상에 혼자 왔다 혼자 가는 고독한 존재이지만, 살아가면서 혼자임을 피부로 느낄 때처럼 쓸쓸한 일이 또 어디 있겠는가. 만일 너른 식탁에 혼자 앉아 찬밥 한 덩이를 마주하고 있다면, 혹은 혼자 가슴앓이하기엔 너무 벅찬 근심 걱정을 안고 있어도 아무도 들어줄 사람이 없다면, 또는 열이 불덩이 같이 끓어오르는 열병을 앓을 때 약 한 봉 사다 줄 사람 없이 철저히 혼자라면…

만약 이럴 때 서글픔을 부추길 수 있는 영화를 보거나 글을 읽는다면 아마도 목이 메이고 눈물이 핑 돌아 펑펑 울어 버릴지도 모른다.

조병화 시인의 「인생은 혼자라는 말 밖엔」을 가만가만 읽다 보면, 제목을 실감하며 저절로 깊은 심연의 외로움에 젖게 된다.

고독과 허무를 대표하는 시인의 심상에서 우러나온 시어들을 눈을 감고 듣다 보면 절로 외롭고 쓸쓸한 사람이 되 버려서, 결국 우리는 모두 고독한 존재임을 일깨워 준다.

나보다 더 외로운 사람에게 / 외롭다는 편지를 보내는 것은 –(1연 중에서)

나보다 더 쓸쓸한 사람에게 / 쓸쓸하다는 시를 보내는 것은 – (2연 중에서)

그리고 나보다 더 그리운 처지에 있는 사람에게 / 그립다는 사연을 엮어서 보낸다는 것은 – (3연 중에서)

– 아, 나는 이렇게 아직
– 당신에게는 나의 말을 전할
– 아무런 말이 없습니다

– 그저 인생은 혼자라는 말 밖엔… – (4,5연)

위에서 그대로 읽혀지는 내용처럼, 결국 우리는 인생을 혼자 스스로 견

며야 하는 고독한 인간에 불과하다. 이 시를 읽다 보면 절로 나 자신이 외로운 존재가 돼 버리지만, 그렇기 때문에 그와 반대로, 시를 통해 견딜 수 있는 더욱 강한 의지를 가지게도 한다.

뿐만 아니라, 훌륭한 교육자로 예술가로 또 최고 다작의 기록을 세울 만큼 성실한 문학인으로 빛나는 삶을 살아온 시인조차도 고독한 존재였음을 가까이 전해 받을 수가 있는데, 그런 가운데, 시인 또한 이 글을 통해 스스로 고독을 견고히 다지며 정화시키지 않았을까 하는 추측을 하게 한다.

이렇듯 평범하고 단순한 어법의 독백 속에서도 두 갈래로 걸러지는 메시지의 힘이 느껴짐을 알 수 있기에, 그래서 역설적으로, 문학을 통해서 한 번 더 인생의 여백을 들여다보고 반추해 봄은 결코 인간을 고독하게 하지 않는 기쁨이 될 수 있고, 거기에 낭송이라는 소리문학이 편승함은 더없이 즐거운 일이라 할 수가 있는 것이다.

쓸쓸하고 고독한 계절, 가을이다!
지금 고독한 사람들이여, 인생은 혼자지만 문학이 있는 인생은 결코 혼자가 아님을 명심하자!

(2008.9.23 연재)

가을에는 기차를 타고 — 김춘경

또 가을이 왔습니다
지난 가을엔 깨우지 못했던 영혼의 종소리를 들으며
혼자서 기차 여행을 하고 싶었습니다

삶의 조각들이 차창에서 신음을 하며 두 눈에 부딪혀 와도
그 가을이 아름다울 거라 생각했습니다
고단했던 마음들을 달래며 그렇게
달리는 기차에 부서지는 그리움들을 싣고 싶었습니다

올 가을에도 가슴 시린 이 하나 곁에 없다 해도
애틋한 영혼 소리를 담은 혼자만의 기차여행을 하고 싶습니다
뿜어낼 모양 없는 사연들 검은 연기로 날리며 내달리는 길
뒤돌아 보면 너무 빨라 아무것도 잡히지는 않겠지만
갈 길이 아득해 종착역은 몰라도 기쁜 마음으로 갈 것입니다

그러다 세상에 태어난 것을 감사하며 하루를 기대어 왔던
지나간 날들이 차창에 어리면 반갑게 웃어 줄 것입니다

길가의 코스모스와 들꽃들의 미소, 사랑하는 사람들,
차창에 미끄러지는 바람의 소리를 사랑하겠습니다

또 가을이 왔습니다.
또 어쩌면 고단한 날이 소리없이 찾아올지도 모릅니다
그런 날, 그런 날이 오거든
나는 혼자서 기차를 타고 하염없이 달려갈 것입니다
영혼이 숨 쉬는 기차를 타고..

가을이다. 어느새 뜨거운 태양이 작열하던 여름날의 추억을 안고 조석으로 선선한 바람이 부는 구월이다. 엊그제 말복인가 싶더니 그새 처서를 지나 가을은 소리없이 우리들 곁으로 다가와 귀뚜라미가 울어 댄다.

사색의 계절이요, 고독의 계절인 가을이 되면 떠오르는 릴케의 시…

– 주여, 때가 되었습니다. 여름은 참으로 위대했습니다.

– 해시계 위에 당신의 그림자를 드리우시고

– 들판 위엔 바람을 놓아 주십시오.

– 가을날 / 릴케… 중에서

이렇듯 라이너 마리아 릴케(Rainer Maria Rilke)가 바람을 놓아 달라고 굳이 말하지 않아도, 때가 되면 가을은 쓸쓸한 사람의 가슴을 에이는 바람으로 또는 풍요로운 대지를 흔드는 바람으로 어김없이 우리들 곁을 찾아오고 만다.

가슴 속에 출렁이는 바람을 안고 어디론가 떠나고 싶은 계절인 가을…

가을이면 어디론가 훌쩍 떠나고 싶다는 생각을 한 번쯤 해 보지 않은 사람은 없을 것이다. 혼자이든 누군가와 동행이든, 일상을 탈피해 어디론가 떠나봄은 자아를 찾는 색다른 시도가 될 뿐 아니라, 바쁜 현대인의 메마른 영혼을 적시는 단비가 될 수 있기에 우리는 여행을 꿈꾼다. 혹자는 여행이 영혼의 비타민이라고까지 하질 않는가.

가을에 꿈꾸는 여행에는 비행기, 배, 자동차, 기차 등 여러 종류의 여행이 있지만, 그 중 기차여행을 빼놓을 수가 없다. 기차의 달리는 차창에 미끄러지는 풍경 속으로 스쳐 가는 것들을 애써 담으려 하지 않아도 절로 가슴에 녹아들고, 창 밖에 떨어져 날리는 삶의 조각들이 하나씩 소리를 내며 흩어져 버려도 사랑할 수밖에 없는 기차여행…

삶이 고단하거나 일상에 지친 사람이라면, 괜스레 마음이 쓸쓸해지고 누군가 곁에 있어도 고독해지는 계절인 가을엔 더구나 어디론가 훌쩍 떠나고 싶을 것이다. 그리하여 일상에서 멀어진 어느 곳에선가 지친 삶을 위로 받으며 자아를 찾고 싶을 것이다.

「가을에는 기차를 타고」 이 시는, 기차여행이라는 수단을 통해 인생과 영혼을 사색하고 스쳐 간 삶을 되돌아보며 감사하는 마음과 고단할지도 모를 내일에 대한 희망을 담아내고자 씌어진 시이다.

– 또 가을이 왔습니다
– 지난 가을엔 깨우지 못했던 영혼의 종소리를 들으며
– 혼자서 기차 여행을 하고 싶었습니다

– 삶의 조각들이 차창에서 신음을 하며 두 눈에 부딪혀 와도
– 그 가을이 아름다울 거라 생각했습니다
– 고단했던 마음들을 달래며 그렇게
– 달리는 기차에 부서지는 그리움들을 싣고 싶었습니다 …… <중략>

위의 낭송시의 1,2연의 표현에서처럼 깨우지 못한 영혼의 종소리를 들으며 달리는 기차에 부서지는 그리움을 실어보고 싶어지는 계절인 이 가을에는 미련없이 떠나 보자. 인간의 사색은 결국 혼자 하는 것이기에, 혹여 동반자가 없어도 좋을 것이다.

6년 전, 필자의 미국여행 중의 일이 생각난다. 아이들과 함께 미국의 LA 다운타운에서 출발하여 5시간을 태평양 해안선을 끼고 달리는 기차여행을 했었는데, 그 때 태평양바다를 편하게 감상할 수 있는 열차의 2층 관망칸 끝에 혼자 앉아 하염없이 창밖을 바라보며 무언가를 열심히 쓰곤 하던 중년의 한 외국인 여자가 떠오른다. 지금 생각하면 그녀는 아마도 시인이거나 소설가 등 작가가 아니었을까도 싶지만, 그 땐 그저 평범해 보이는 한 여자가 혼자서 기차여행을 하며 열심히 글을 쓰고 있는 신선한 모습에서 가벼운 전기충격같은 묘한 느낌을 받았던 기억이 난다.

앞을 향해 달리는 기차의 차창에 부서지는 한 여인의 삶이 어떤 질곡의 모습인지는 모르겠지만, 여행을 하면서 인간의 고뇌와 깊은 사색을 끊임없이 담아내고 있다는 사실은 참으로 여유롭고도 아름다운 모습이었다.

가을에는 떠나 보자. 태평양 해안선을 끼고 달리는 화려한 2층 열차가 아니라도 좋다, 수원행 무궁화면 어떻고, 춘천행 완행열차면 어떠하랴. 홀로 깨어 영혼의 종소리를 들을 수만 있다면…

산천초목이 아름답게 물들 이 가을에 우리들의 메말라 가는 삶을 위해 한 번쯤 영혼의 통로를 찾아 떠나 볼 일이 아니겠는가.

(2008.9.1 연재)

저마다의 가슴에 희망찬 깃발을 꽂자

깃발 — 유치환

이것은 소리없는 아우성
저 푸른 해원을 향하여 흔드는
영원한 노스탤지어의 손수건
순정은 물결같이 바람에 나부끼고
오로지 맑고 곧은 이념의 푯대 끝에,
애수는 백로처럼 날개를 펴다.
아아 누구던가.
이렇게 슬프고도 애달픈 마음을
맨 처음 공중에 달 줄을 안 그는.

어린 시절 누구나 한번쯤 즐겨 불렀을 노래로 태극기라는 동요를 꼽을 수 있다.

“태극기가 바람에 펄~럭입니다 ~♬”

우리는 이 노랫말 속의 태극기라는 단어를 읊조리며 대한민국을 알았고, 애국심이 뭔지도 모를 코흘리개 어린이들이 어쩌면 이 노래를 통해서 처음으로 대한민국 국민임을 자각하고 나라 사랑하는 마음을 가졌는지도 모른다. 성인이 된 후로는 이 태극기를 직접적으로는 국경일이나 혹은 올림픽 같은 때나 드물게 만져 보고, 간접적으로는 TV, 영화 또는 관공서 같은 곳에서나 가끔 마주하는 게 보통이지만, 어쨌든 태극기라는 깃발이 단순히 바람에 펄럭이는 네모난 천조각이 아니라 우리나라를 상징하는 거대한 정신적 지주라는 것은 부인 할 수 없는 사실이다.

태극기가 대한민국의 정신적 영토를 상징하듯, 이처럼 우리는 누구에게나 가슴에 자신만의 영토와 그 영토에 꽂을 자기만의 깃발을 가지고 있다. 우리는 그것을 유토피아라고도 하고, 이상 혹은 꿈이라고도 한다. 설사 이룰 수 없는 꿈이라 해도, 자기만이 가지는 이념의 푯대를 고지에 꽂기 위해 인간은 하루하루를 노력하며 살아가고 있다고 할 수 있다.

이런 맥락에서 1936년에 《조선문단》에 발표된 유치환의 시 「깃발」은 함축된 짧은 시구 속에 태극기가 상징하는 커다란 의미만큼이나 큰 의미를 갖는 詩이다.

– 이것은 소리없는 아우성
– 저 푸른 해원을 향하여 흔드는
– 영원한 노스탤지어의 손수건
– 순정은 물결같이 바람에 나부끼고

– 오로지 맑고 곧은 이념의 푯대 끝에,
– 애수는 백로처럼 날개를 펴다.
– 아아 누구던가.
– 이렇게 슬프고도 애달픈 마음을
– 맨 처음 공중에 달 줄을 안 그는.

– 깃발 / 유치환 (전문)

위의 詩에서 깃발이란 바로 이념(理念)을 상징하는 것으로, 소리없는 아우성이란 표현을 통해 몸이 묶인 채 몸부림치는 깃발이 현실에서 벗어나 자유롭게 이상의 세계로 발돋움하고자 하는 소망을 나타내고 있음을 알 수가 있다.

시의 배경이 되는 시대상황을 유추해봤을 때 깃발은 해방을 염원하는 이념임을 짐작하지만, 시인은 깃발이라는 추상적 관념을 소리없는 아우성, 영원한 노스탤지어의 손수건, 물결같은 순정, 백로처럼 날개를 핀 애수, 슬프고도 애달픈 마음이라는 다섯가지의 구체적 관념으로 설명하면서, 깃발이라는 소재를 통해 이상에 대한 동경과 좌절을 노래하고 있음을 알 수 있다.

어쨌든 이 작품은 도달할 수 없는 이상을 향한 마음을 표현한 시로써 필자의 학창시절 모의고사에 단골손님으로 등장되어 달달 외우게 했던 시이다.

현재 중학교 3학년 국어 교과서에 실려 있는 이 시의 추상적 관념을, 전쟁을 직접 겪어 보지 못한 세대인 불혹의 필자도 소리없는 아우성, 그 몸부림의 영역을 100% 이해하기 어렵다 할 수 있는데, 요즘의 어린 학생들이 얼마나 가슴 깊게 공감할는지는 의문이지만, 적어도 가슴에 품은 커다란 이상을 실현시키고자 자기만의 깃발을 세우고 그 깃발을 꽂기 위해 열망하고 노력해야한다는 의미는 파악되리라 본다. 그런 의미에서 이 시는 교과서에 실리기에 충분한 유익한 시로, 이념의 푯대에 밑줄을 그을만 하다고 생각된다.

깃발을 이야기하다보니 문득 작년에 우리나라에서 상영되었던 헐리우드의 전쟁영화 「아버지의 깃발」이 떠오른다. 원작 「아버지의 깃발」이라는 베스트셀러 소설을 클린트 이스트우드가 감독한 이 영화는, 제2차 세계대전 당시 미 해병 6명이 일본에 상륙해 미국 성조기를 꽂은 사진에서 비롯된 전쟁 스토리를 다룬 영화로, 소설의 원작자가 영화 속 영웅의 실제 인물의 아들로 아버지의 전쟁이야기를 다큐맨타리 형식의 시나리오를 가미해 보여 주어 재미있게 봤던 기억이다.

이 영화에서 전쟁 영웅들의 삶이 말하고자 하는 스토리에 앞서, 전쟁 중에 일본 땅에 꽂힌 성조기라는 깃발이 상징하는 커다란 의미를 깊이 생각해 본다면 이 영화에서의 깃발과 유치환 詩 [깃발]이 가지는 큰 의미가 일맥상통하는 점을 간파할 수 있다.

내용이야 어쨌든, 영화 「아버지의 깃발」에서나 유치환 詩 「깃발」에서나 우리가 우선적으로 얻어내야 할 분명한 것은 드높은 이념이요 이상이다. 그것이 같은 내용이든 아니든, 우리는 저마다의 가슴에 자기만의 커다란 유토피아를 세우고 그 이상과 꿈을 실현시키기 위해 열심히 노력해야한다는 사실이 중요한 것이다.

이제 수능시험도 끝나고 본격적인 입시철이다. 요즘 같은 때엔 더욱 수많은 젊은이들 가슴에 나름의 깃발이 나부낄 것이다. 우리들 동심 속에서 펄럭이던 수많은 태극기들이 대학입시를 앞둔 58만 수험생들의 가슴 속에 또 다른 형태로 펄럭이고 있다. 시험이라는 형틀과 숫자의 고통 속에 몸부림 치는 아들 딸들의 소리없는 아우성이 들리는 듯 하다.

이 땅의 피끓는 젊은이들이여, 지금 그대들은 깃발을 꽂을 준비가 되었는가? 그렇다면 멋지게 푸른 해원에 꽂아 보자. 만일 아직 준비가 안되었다면 낙심하지 말고, 다시금 희망찬 깃발을 세우자. 깃발을 어디에 꽂을지 한 번더 멀리 바라다 보면 될일…

고난의 운명을 지고 / 역사의 능선을 타고 / 이 밤도 허우적거리며 / 가야만 하는 겨레가 있다. / 고지가 / 바로 저긴데 / 예서 말 수는 없다. //넘어지고 깨어지고라도 / 한 조각 심장만 남거들랑 / 부둥켜안고 / 가야만 하는 겨레가 있다. / 새는 날 / 피 속에 웃는 모습 / 다시 한 번 보고 싶다.

– 고지가 바로 저긴데 /이은상 (전문)

시험 때가 되면 단골로 인용되는 위 시조의 '고지가 바로 저긴데, 예서 말 수는 없다' 라는 위의 시구처럼, 각자가 품은 이상과 꿈을 위해 이념의 푯대를 꼿꼿이 세우고 목표를 향해 깃발을 꽂는 그 날까지 웃으며 최선을 다해 노력하자.

그리하여, 저 푸른 해원에서 나부끼는 이념의 푯대를 맨 처음 공중에 달아보자~!

(2008.11.19 연재)

4장 _ 힘겨운 인생, 저녁만큼 어두워지지 말자

소중한 만남과 인연(因緣)을 꿈꾸며

우리가 물이 되어 — 강은교

우리가 물이 되어 만난다면
가문 어느 집에선들 좋아하지 않으랴.
우리가 키 큰 나무와 함께 서서
우르르 우르르 비 오듯 소리로 흐른다면.

흐르고 흘러서 저물녘엔
저 혼자 깊어지는 강물에 누워
죽은 나무뿌리를 적시기도 한다면.
아아, 아직 처녀(處女)인
부끄러운 바다에 닿는다면.

그러나 지금 우리는
불로 만나려 한다.
벌써 숯이 된 뼈 하나가
세상의 불타는 것들을 쓰다듬고 있나니.

만리(萬里) 밖에서 기다리는 그대여

저 불 지난 뒤에
흐르는 물로 만나자.

푸시시 푸시시 불 꺼지는 소리로 말하면서
올 때는 인적(人跡) 그친
넓고 깨끗한 하늘로 오라.

옷깃만 스쳐도 인연이라고도 하는데 일평생 살아가면서 우리는 얼마나 많은 인연을 짓고 살아갈까?

사람과 사람 사이에 맺어지는 관계를 우리는 인연(因緣)이라 한다. 불교에서는 결과를 만드는 직접적 원인이 되는 인(因)과 그 결과의 산출을 도와주는 간접적 원인이 되는 연(緣)을 합해서 인연(因緣)이라 부르는데, 모든 사물은 이 인연에 의해 생멸한다고 해석한다.

우리는 살아가면서 어떤 사람과의 관계가 끊어졌을 때 흔히 '인연이 있으면 또 만나겠지' 라는 표현을 자주 쓰는데, 사람의 인연, 즉 사람의 연분은 하늘이 만들어 주는 것이라고들 이야기한다. 이렇듯 하늘이 맺어 주는 귀한 인연, 즉 소중한 만남을 우리는 늘 갈망하며 살아가고 있다.

그러나 귀한 인연으로 만나도 살다 보면, 이러한 인연의 소중함을 가끔 잊어버리는 듯 가벼이 생각하고 행동할 때가 있는데, 강은교 시인의 [우리가 물이 되어]는 바로 이 인연의 소중함을 일깨워 주는 시라 할 수 있다.

만남에 대한 소망을 물과 불의 상징적 이미지를 통해 형상화 한 이 시는, 숱한 공기 속의 입자들이 모여 하늘로 올라가 구름이 되어 비로소 비로 내리는 것처럼 숱한 마음이 모여 하늘에서 흐르는 빗방울로 만날 수 있기를 바라는, 강한 만남의 바램과 인연의 소중함을 노래하고 있다고 볼 수 있다.

– 우리가 물이 되어 만난다면
– 가문 어느 집에선들 좋아하지 않으랴.
– 우리가 키 큰 나무와 함께 서서
– 우르르 우르르 비 오듯 소리로 흐른다면.

– 흐르고 흘러서 저물녘엔

– 저 혼자 깊어지는 강물에 누워
– 죽은 나무뿌리를 적시기도 한다면.
– 아아, 아직 처녀(處女)인
– 부끄러운 바다에 닿는다면.

이 시의 1,2연을 살펴보면, 우리가 물이 되어 만난다면, 그래서 대지를 적시고 이 세상의 가뭄을 해소시켜 줄 수 있다면 얼마나 좋겠는가 라며 물이 되어 만나고 싶은 심정을 노래하는데, 여기서 물이란 생명력을 부여하는 실체로 인간의 메마른 삶의 고독까지 해소시켜주는 상징적 역할을 의미한다. 즉, 시인이 표현한 물은 '너 '와 '나' 를 '우리' 로 만나게 하는 중요한 매개체의 상징인 것이다.

– 그러나 지금 우리는
– 불로 만나려 한다.
– 벌써 숯이 된 뼈 하나가
– 세상의 불타는 것들을 쓰다듬고 있나니.

– 만리(萬里) 밖에서 기다리는 그대여
– 저 불 지난 뒤에
– 흐르는 물로 만나자.

– 푸시시 푸시시 불 꺼지는 소리로 말하면서
– 올 때는 인적(人跡) 그친
– 넓고 깨끗한 하늘로 오라.

그런 반면 위에서 알 수 있듯, 3연에서는 지금 우리는 불로 만나려 한다며 물의 세계와 불의 세계를 대비시키고 있고, 4,5연에서는 저 불이 다 지난 다음에 흐르는 물이 되어서 만나자며 만남에 대한 강한 바람을 표현한다.

즉, 세상의 온갖 더러운 것들을 태워 버릴 수 있는 불이 모든 것을 깨끗이 태우고 지나간 후에 '넓고 깨끗한 하늘'에서 흐르는 물로 만나자며, 저 불이 다 지난 다음에 흐르는 물이 되어서 만나자는, 만남에 대한 강한 바람을 표현함을 엿볼 수 있다.

이 시의 낭송을 듣다 보니, 지난 4월에 모 대학에서 초청 시낭송 특강을 했던 기억이 새롭다.

그 날 특강 과제 중의 하나였던 이 시의 낭송 후에, 시해설을 하면서 강의 듣던 학생들과의 소중한 만남과 인연에 대해 감사함을 이야기 했었는데, 그 날 강의를 듣던 많은 학생들이 고개를 끄덕이며 짧은 만남의 순간이지만 특별한 인연에 함께 감사하며 진지하게 경청하던 모습이 떠올라 절로 흐뭇한 미소가 지어진다.

필자가 만일 낭송을 하지 않았다면 어찌 그런 순간을 맛보았겠는가. 이렇듯 낭송은 귀한 만남과 인연까지 주는 고마움이기도 하다.

때문에 낭송문학은 거부할 수 없는 행복한 장르인 것이다.

사람의 인연 중엔 때로 득(得)이 되는 인연도 있고, 때론 독(毒)이 되는 인연도 있다. 하지만 사람의 인연이란 하늘이 정해주는 귀하고 값진 것이기에, 결국엔 넓고 깨끗한 하늘에서 다시 만나기를 바라는 마음으로, 우리는 만남과 인연의 소중함을 늘 감사함으로 받아들이고 좋은 인연으로 지속될 수 있도록 부단히 노력하며 살아야 하지 않을까.

(2008.6.27 연재)

당신이라면 좋겠습니다 — 김춘경

우윳빛 아침햇살이 창가를 두드릴 때
살포시 내려앉아 귓가를 지저귀는 종달새가
누구보다도 당신이라면 좋겠습니다

날마다 눈뜨면 바라보는 먼 산속에
늘 푸른 숲으로 싱그러운 초록향기 피우는 사람이
나무보다도 튼실한 바로 당신이라면 좋겠습니다

헤즐럿 향내 따라 피어오르는 아지랑이 함께
희미하게 꿈틀대며 미소짓는 사랑스런 모습으로
기다리면 달콤한 인사하며 찾아 드는 향기가
다른 사람 아닌 당신이라면 좋겠습니다

그래서
알알이 구르는 이슬방울의 상쾌한 흐름처럼
매일 매일 조금씩 내 곁으로 다가와
아침이 있어 행복함을 일깨워 주는 사람이
사랑하는 당신, 당신이라면 좋겠습니다

요즘 결혼식장에선 축가 뿐 아니라 축시낭송도 각광을 받고 있다. 이는 시인 또는 시낭송가가 많은 사람들 앞에서 문학을 알리는 또 다른 문학전파의 한 기회가 아닐까 싶다. 사랑하는 사람들이 한 몸이 되어 평생을 가꾸기 위해 출발하는 경사스런 날, 이런 뜻 깊은 날 행복을 추구하는 고운 글을 직접 들려주며 축하를 함은 축하를 주고받는 사람 모두에게 큰 행복이 아닐 수 없다. 때문에 아무리 바빠도 거절할 수 없는 결혼식 초대 낭송. 그런 때면 이 시를 종종 애송하곤 한다.

지난 가을에도 모 일간신문 기자의 결혼식에 시낭송 초대를 받은 적이 있었다. 그 날도 이 시를 축시로 낭송했는데, 너무나 잘 어울리는 한 쌍의 젊은 남녀가 바로 내 1m 앞에서 그것도 나를 쳐다보면서 낭송을 들으며 그윽한 눈빛으로 서로를 번갈아 바라보던 그 시선이 잊혀지질 않는다.

시를 한 구절 한 구절 읊을 때마다 시 속의 행복한 사랑에 폭 빠져 그 순간도 행복한 사랑을 하고 있던 그들의 눈길이 어찌나 아름다운지… 20년 전을 회상하며 그 날의 떨림으로 돌아가고픈 마음이 절로들 지경이었다. 이럴 때 바로 시인이 되고 시낭송을 하는 보람과 자긍심을 느끼는 순간이었다고나 할까.

매일 매일 조금씩 내 곁으로 다가와
아침이 있어 행복함을 일깨워 주는 사람이
사랑하는 당신, 당신이라면 좋겠습니다

시의 마지막 구절처럼 매일매일 아침의 행복을 일깨워 주는 사람으로, 행복한 사랑으로 늘 곁에 머물러 주기를 바라는 마음을 노래한 이 시는 단순히 표현된 흔한 사랑시라고 볼 수 있지만, 일생의 전환점인 결혼식에서 읽혀질 땐, 행복추구를 염원하는 뜻에서 새로운 인생을 시작하는 어떤 남녀에겐 굉장히 뜻 깊고 큰 의미가 된다고 할 수 있다. 그런 큰 의미를 목소리를 담아 현장에서 생생히 전할 수 있음이 바로 낭송만의 매력이 아니겠는가.

앞에 언급된 결혼식에서, 그 날 신랑 부모님께서 이 시낭송을 진한 감동으로 듣고 더 좋아하셨다는 이야기를 전해 듣고는, 행복을 바라고 사랑을 꿈꾸는 것은 나이 불문의 영원한 우리들의 바람이라는 사실을 또 한 번 느끼며, 낭송을 통해 불특정 비문학인에게 문학을 전달하고 공감을 부르는 일이 얼마나 즐겁고 보람된 일인지, 또 내 스스로에게도 얼마나 행복하고 고마운 일임을 느낀다.

이런 관점에서 볼 때 특별한 테크닉이 표현되지 않은 이 낭송은 편안하게 시를 전달한 자체만으로도 낭송의 본분을 다했다고 볼 수 있다.

아름다운 시 한 줄이 국민의 정서를 바꾸고 행복을 추구하며 나아가 나라의 미래를 바꿀 수 있는 원동력이 될 수 있기에, 그러한 시를 보다 가깝게 전달하는 매개체가 되는 시낭송은, 앞으로 문학상 시상, 출판기념, 시 콘써트 등 문학과 관련된 문학행사에서 뿐 아니라, 결혼식, 각종 기념식, 세미나, 또는 딱딱한 정치행사 등 평소 문학이 미치지 못하는 범위에 까지 좀 더 다양한 방법으로 일반인에게 가까이 다가갈 수 있도록 많이 보급됨이 마땅히 요구된다.

(2008.1.25 연재)

힘겨운 인생, 저녁만큼 어두워지지 말자

저물어 그리워지는 것들 — 이기철

나는 이 세상을 스무 번 사랑하고
스무 번 미워했다
누군들 헌 옷이 된 생을
다림질하고 싶지 않은 사람 있으랴
유독 나한테만 칭얼대는 생
돌멩이는 더 작아지고 싶어서 몸을 구르고
새들은 나뭇잎의 건반을 두드리며
귀소한다

오늘도 나는 내가 데리고 가야 할 하루를 세수시키고
햇볕에 잘 말린 옷을 갈아입힌다
어둠이 나무 그림자를 끌고 산 뒤로 사라질 때
저녁 밥 짓는 사람의 맨발이 아름답다
개울물이 필통 여는 소리를 내면
갑자기 부엌들이 소란해진다
나는 저녁만큼 어두워져서는 안 된다
남은 날 나는 또 한 번 세상을 미워할는지
아니면 어제보다 더 사랑할는지

요즘은 만나는 사람들마다 경제가 어려워서 큰일이라고 걱정을 한다. 한해를 마무리하면서 보람찬 결실을 맺어야 할 12월에 만족스럽고 흐뭇한 이야기들 보다는 어렵고 힘든 이야기들이 더 많이 들려 와 너나 할 것 없이 스스로 맥이 빠지는 요즘이다.

얼마 전에, 경제난을 비관한 어떤 60대 독거노인이 장기기증 유서를 남기고 자살했다는 작은 소식이 있었다. 착잡한 마음을 더욱 가중시키며 우울하게 하는 일이 아닐 수 없다. 혼자서 먹고살기가 얼마나 힘들었으면, 얼마나 견디기가 고통스러웠으면 스스로 목을 맸을까.

이 소식에서 우리가 주목할 만한 일은 경제난으로 힘들어 하던 개인의 죽음 뿐 아니라, 그가 유서에 자신의 장기와 전재산인 월세보증금 300만원을 장기기증 운동본부에 기증하겠다고 한 것과 또한 기초생활수급권자인 그가 2005년 3월 장기기증 운동본부에 장기기증 등록을 한 후 매달 5000원씩 후원을 해 왔다는 사실을 빼놓을 수 없다.

장기기증도 쉽지 않은 일인데 그 형편에 매달 후원까지 했었다니, 보통 사람들에겐 5000원이 설렁탕 한 그릇 값밖에 안 되도 그에게는 하루를 지탱해줄 큰돈이었을 텐데, 참으로 가슴 한 편에 부끄러움마저 일게 하는 소식이었다.

혼자 외롭고 힘들게 삶을 지탱하며 수백 번은 더 세상을 미워했을 착한노인의 죽음과 그 안타까움에 고개를 숙이며 고인의 명복을 빌어주고 싶다.

가슴 싸해지는 이런 소식들을 접할 때면 문득 떠오르는 싯구가 있다.

– 나는 이 세상을 스무 번 사랑하고
– 스무 번 미워했다
– 누군들 헌 옷이 된 생을
– 다림질하고 싶지 않은 사람 있으랴

– 유독 나한테만 칭얼대는 생

– 저물어 그리워지는 것들 / 이기철 (1연 중에서)

“유독 나한테만 칭얼대는 생”

목을 맨 독거노인뿐만 아니라 요즘같은 경제난 속에서 힘들어 하는 사람들, 뿐만 아니라 각가지 이유로 살기가 힘든 사람들에겐 유독 내 맘 같을 글귀다.

죽을 만큼 힘든 사람들이라면 이세상이 어디 시인의 말처럼 세상을 스무 번만 사랑하고 스무 번만 미워했겠는가.

하는 일마다 잘 안 되고 일상이 참담할 때, 구겨져 헌 옷이 된 생이라 느낀다면 어느 누군들 다림질 하고 싶지 않은 사람이 있겠는가.

하지만 시인은 이에 머물지 않고 ‘남은 날’ 이 비록 적더라도 ‘저녁’ 이 오면 ‘내가 데리고 가야 할 하루를 세수시키고 / 햇볕에 잘 말린 옷을 갈아입히는’ 수고 정도는 해야 한다며 어두워져서는 안 된다며 마음을 다잡는다.

– 오늘도 나는 내가 데리고 가야 할 하루를 세수시키고
– 햇볕에 잘 말린 옷을 갈아입힌다
– 어둠이 나무 그림자를 끌고 산 뒤로 사라질 때
– 저녁 밥 짓는 사람의 맨발이 아름답다

– 개울물이 필통 여는 소리를 내면
– 갑자기 부엌들이 소란해진다
– 나는 저녁만큼 어두워져서는 안 된다
– 남은 날 나는 또 한 번 세상을 미워할는지
– 아니면 어제보다 더 사랑할는지 – (2연)

이 시의 위의 2연에서 알 수 있듯이, 슬프게 혹은 기쁘게도 내일은 또 다시 오기에, 오늘 죽음을 생각하기 보단 하루를 세수시키고 옷을 갈아 입혀 내일을 맞이하려는 스스로를 가다듬는 자세를 엿보게 한다.

"나는 저녁만큼 어두워져서는 안 된다"라는 화자의 말에서 어두움으로 오는 일상의 모든 고통을 거부하고 멀리하려고 하는 강한 다짐을 느낄 수가 있다.

우리는 이런 마음을 가까이 해야 할 것이다.

"아무리 오늘 사는 게 팍팍하더라도 내일이 태양은 또 내일 뜰 테니까…."

누군들 헌 옷이 된 생을 나림질 하고 싶지 않은 사람 있으라만, 내일 또 다시 세상을 미워하든지 아니면 더 많이 사랑할는지는 몰라도 오늘 저녁만큼은 어두워지기 싫은 마음은 어쩌면 오늘을 사는 우리들의 공통된 일말의 실낱같은 희망이기에…

이런 이유에서 이 시의 진가를 다시 한 번 피부로 느끼며 시를 읊조리고 싶은 것이다.

이 시를 낭송하고 나서 하늘을 한 번 쳐다보고 깊은 심호흡을 하니, 왠지 오늘 저녁은 어두울 것 같지 않은 게 세상이 갑자기 더 환하게 밝아져 옴이 느껴진다.

지금 생이 유독 나한테만 칭얼댄다고 느껴진다면, 큰소리로 "나는 저녁만큼 어두워져서는 안 된다"라는 시구를 외쳐 보면 어떨까 싶다.

요즈음 우리경제는 세계적 경제불황 속에 총체적 난국에 빠진 상황이라고까지 한다. 날로 치솟는 물가상승률에 실업률로 지난 IMF이후 경제고통지수가 최고라고 하는 요즘, 이럴 때일수록 더욱 힘을 합치고 마음을 합쳐야 하기에, 미약하지만 문학으로나마 우리들 마음을 강인하게 다잡는데 기여하는 한 역할을 했으면 하는 바람이다.

(2008.12.9 연재)

삶이 그대를 속일지라도, 희망을

삶이 그대를 속일지라도 — 알렉산드르 푸슈킨(Aleksndr Pushkin)

삶이 그대를 속일지라도
슬퍼하거나 노하지 말라
슬픈 날엔 참고 견디라
즐거운 날이 오고야 말리니

마음은 미래를 바라느니
현재는 한없이 우울한 것
모든 것 하염없이 사라지나
지나가 버린 것은 그리움이 되리니

삶이 그대를 속일지라도
노하거나 서러워하지 말라
절망의 나날 참고 견디면
기쁨의 날 반드시 찾아오리라

마음은 미래에 살고
현재는 언제나 슬픈 법
모든 것은 한순간 사라지지만
가버린 것은 마음에 소중하리라

삶이 그대를 속일지라도
슬퍼하거나 노하지 말라
우울한 날들을 견디며 믿으라
기쁨의 날이 오리니

마음은 미래에 사는 것
현재는 슬픈 것
모든 것은 순간적인 것, 지나가는 것이니
그리고 지나가는 것은 훗날 소중하게 되리니

삶이 그대를 속일지라도
슬퍼하거나 노하지 말라
설움의 날을 참고 견디면
기쁨의 날이 오고야 말리니

“나는 세계적인 시인 푸시킨의 시 한 구절을 좋아합니다. ‘삶이 그대를 속일지라도 슬퍼하거나 노하지 말라. 설움의 날을 참고 견디면 기쁨의 날이 찾아오리니 마음은 언제나 미래에 사는 것…’ 어려운 역경을 만날 때마다 나는 이 시를 암송하면서 희망을 찾았고, 좌절하지 않고 매진하여 오늘날 대한민국의 대통령이 되었습니다.”

이는 최근 얼마 전에 러시아의 한 대학에서 명예박사학위를 받은 대통령이 발표한 연설문의 일부이다. 이 말은 결과적으로 좋은 시 한 편이 한 사람을 한 나라의 대통령까지 만들었다는 이야기가 되는 것으로, 문학이 우리 인생에 얼마나 커다란 영향을 미치고 있는가를 깨닫게 하는 하나의 증거가 된다.

러시아의 대문호인 푸슈킨(Aleksndr Sergeevich Pushkin)의 이 시는 이처럼 많은 이들의 글 또는 말 속에 종종 인용되고 있는 것을 볼 수 있는데, 그것은 이 글이 품고 있는 절망 속에 심겨진 희망의 메시지, 그 커다란 가치 때문일 것이다.

– 삶이 그대를 속일지라도
– 슬퍼하거나 노하지 말라
– 우울한 날들을 견디며 믿으라
– 기쁨의 날이 오리니

– 마음은 미래에 사는 것
– 현재는 슬픈 것
– 모든 것은 순간적인 것, 지나가는 것이니
– 그리고 지나가는 것은 훗날 소중하게 되리니

- Если жизнь тебя обманет,
- Не печалься, не сердись!
- В день уныния смирись:
- День веселья, верь, настанет.
- Сердце в будущем живет;
- Настоящее уныло:
- Все мгновенно, все пройдет;
- Что пройдет, то будет мило.

-원문[Если жизнь тебя обманет]중에서

구구절절 이 얼마나 지당하고 옳은 말들인가?

위의 이시는 삶을 살아가는 동안 크고 작은 인생의 고통과 시련을 맞은 사람들에게, 또는 경제적으로나 사회적으로 어려움이 많은 시기에 역경에 처한 사람들에게 정말 필요한 글이 아닐 수 없다. 특히 유명 연예인들의 잇단 자살 사건으로 세상을 떠들썩했던 요즘같은 때엔 더욱 우리들 모두의 가슴에 와 닿는 좋은 글귀이다.

정확한 근거가 없는 설이기는 하나, 이 시의 탄생배경을 두고 푸슈킨이 아내의 불미스런 가정사로 인해 죽음을 맞았다는 시인 자신의 이야기를 쓴 시라고, 푸슈킨이야 말로 좀 더 참고 견뎠더라면 좋았을 것이라는 우스개 이야기까지 있지만, 어떤 배경에서 탄생되었든 이 시는 한나라의 대통령도 만들어 냈다는 힘있는 글임을 부정할 수 없기에, 고난에 처해 종국에 죽음까지 생각하거나, 힘없이 자신의 목숨을 너무나 쉽게 포기하는 사람들에겐 더더욱 필요한 글귀가 아닐까 싶다.

때문에 요즘같은 때엔 가는 곳마다 이 시를 커다랗게 들려주고 싶은 심정이다.

위의 구절들을 보면, 모든 것은 순간적인 것, 지나가는 것이라고, 하물며 지나가는 것은 훗날 소중하게 된다고, 그리움이 된다고 하는데 왜 조금만 더 참지 못하고 경솔한 행동으로 주변 사람들에게까지 고통과 슬픔을 주는 것인지, 참으로 안타까운 일들이 가슴을 쓸어내리게 한다.

혹자의 말처럼 세상에 구속받지 않고, 세상 속에서 희망을 찾지 말고, 자기스스로 희망을 창조했다면 얼마나 좋았겠는가?

슬픔과 고통이 얼마나 크면 죽음까지 생각할까 싶지만, 허나 슬픔이 아무리 크다 한들, 고통이 아무리 크다 한들 어찌 죽음에 비하겠는가. 죽을 용기가 있으면 그 용기로 살아 보라고 했거늘, 참고 견디는 것, 그것이 바로 진정한 힘이거늘…

이 시를 낭송하면서 필자도 문득 그간 살아오는 동안에 겪었던, 혹은 앞으로 겪게 될지도 모르는 고통의 불안감을 생각해 본다, 그리고 보다 더 큰 삶 속의 희망을 생각해 본다.

비록 이 글로 인해 누구처럼 대통령까진 못되더라도, 적어도 이 글이 내 삶에 있어서 살아가면서 힘과 용기를 갖는데 조금이라도 도움이 되고 희망을 놓치니 않는 하나의 끈으로 작용한다면 이보다 더 큰 문학의 축복이 어디 있겠는가.

이런 이유에서라도 좋은 글을 보급하는 낭송문학에 자부심을 가지며 더욱 더 넓고 깊게 우리들 속에 자리 잡아야 한다고 강조하고 싶다.

며칠 전에 우연히 TV에서 시청자가 만든 영상을 방영하는 어느 프로에서 노점상들을 강제 철거하는 광경을 담은 것을 봤는데, 이 방송은 이유야 어쨌든 하루 벌어 하루를 먹고사는 어려운 서민들의 애환과 눈물에 가슴이 무너짐을 느끼며 삶에 대해 다시금 돌아보게 하는 내용이었다. 어디에 서건 자기가 서있는 자리엔 각자 처한 합당한 이유가 있겠기에, 누가 옳고 누가 그르다고 할 수 있으랴 만은 TV를 보면서 먹먹해지는 가슴에 나도 모르게 눈물이 흐름을 감출 수가 없었다.

그러나 가슴 답답한 일이 어디 이뿐이랴. 이 시각 어디에선가 슬픔에, 절망감에 눈물을 흘리는 사람은 분명 또 있을지언데…

참으로 팍팍한 세상에 살고 있는 요즈음의 우리들, 이러한 우리에게 가장 절실하게 필요한 것은 과연 무엇일까?

돈, 명예, 사랑 등… 삶을 드높여 준다고 생각되는 여러 가치들이 있겠지만, 그러나 그 무엇보다 지금 우리에겐 우리들 마음속에 가지는 희망이 필요한 때이다. 어떤 일이 있어도 희망을 놓아서는 안 된다. 희망은 절망을 가둘 수 있는 가장 큰 그릇이니…

삶의 희망을 다짐하면서, 다시 한 번 푸시킨의 명언을 읊조려 본다.

"삶이 우리를 속일지라도 슬퍼하거나 노하지 말라. 설움의 날을 참고 견디면 기쁨의 날이 오고야 말리니…"

(2008.10.21 연재)

김춘경 — 책 속의 시집

문학이 있는 인생은 고독하지 않다

누구나 외로운 사람이다

누구나 외로운 사람이다

자화상

엄마라고 부르는 소리가
무딘 감동으로 들리는 나이 사십 줄에
시를 읽는 여자

따뜻한 국물 같은 시가 그리워
목마와 숙녀를 읊고는
귓전에 찰랑이는 방울소리에
그렁한 눈망울 맺히는

사랑한다는 말보다
고맙다는 한마디에 더 뭉클해
정성스런 다림질로 정을 데우고
학위처럼 딴 세월의 증서
가슴에 품고 애달파 하는

비가 오면
콧날 아리는 음악에 취하고
바람 불면 어딘가 떠나고 싶고
아직도 꽃바람에 첫사랑을 추억하며
밥 대신 시를 짓고 싶은
감수성 많은 그녀는

두 열매의 맑은 영혼 가꾸면서
꽃이 피고 낙엽이 질 때를 알아
오늘도 속절없이
속살보다 더 뽀얀 북어국을 끓인다

아…
손톱 밑에 가둬 둔 스무 살 심정이
불혹에 마주친 내 얼굴을 바라본다

피아노 치는 여자

눈을 감으니 사방이 깜깜하다
머리 위에선 태양보다 뜨거운 조명 내리쬐고
머리가 타 들어 가며 숨이 막혀 온다
무섭게 다가오는 미칠 것 같은 고요함, 죄어 오는 순간의 떨림 저주하며
어깨가 반쯤 드러난 검정드레스가 느리게 흔들리기 시작할 때쯤
실려 오는 음표 하나씩만큼 지난 기억들이 떠나간다. 중증의 기억상실처럼.
소나타라면 2악장에 꿈꾸는 연애를 담고 느릿한 템포로 걸어갈 터인데
선율이 어찌 아름다워야 하는지 청춘이 왜 고귀했는지 한순간도 일 수 없나
사랑은 아름다워야 한다는 것만 발라드 어디쯤 실을 뿐
쇼팽의 사랑은 발라드 어느 지점에서 황홀했을까
인생의 화려함이 악곡의 중반부라면 차라리 무대를 내려가지 않으리라
어설픈 상념들을 네 박자 긴 쉼표에 담고 깊은 숨을 들이마셔 본다
조용히 눈을 뜬다. 객석엔 분명 숨소리가 있는데 아무도 없다
어지러움증에 머리를 털고 가녀린 어깨춤 추며 붙인 속눈썹의 떨림 따라

건반이 요동친다
머릿속 악보 첫 장에 사랑을 담고, 다음 장엔 미움을 싣고,
마지막장엔 그리움을 끼워 넣어 하염없이 질주하며
정신이 반쯤 나간 이의 넋두리처럼 허한 음보를 삼킨다.
후회와 갈채를 뒤로한 채…
얼마쯤인가. 열정의 반전이 끝나면 평화는 오고 숨은 다시 고른다
여자의 일생 어디쯤에서 그런 횡재가 찾아올지
검은 피아노를 죽도록 사랑하고 미워하는 여자
어느새 무대를 향해 애써 웃고 있을 뿐…

거울 속의 그대

언제부턴가
거울 속에 낯모를
누군가 서성인다

쓸쓸한 미소 머금고
솟은 머리칼 쓸어내리며
힘겨운 몸 동작으로
지친 가슴을 유혹한다

짧은 침묵의 시간
무언이 주는 커다란 기쁨
뜨서운 선율

세월 속에 갇혀 있던
내 안의 나를 부르니
목이 메인다

돌아온 사랑
나를 감싸고 있는
거울 속 그대는 누구인가

고독에 관한 보고서

1. 序論

고독은
텅텅 빈 존재의 늪

빈방에 털털거리며 혼자 도는
선풍기 날개 위
외로움이 고요를 타고 미끄러지는
소리 없는 비명

외로운 사랑의 실체인가

2. 本論

고독은
혼자 깨어 있어 아름답다는 말이다
영혼의 울림 소리를 따라
내 안에서 나를 찾는 몸부림을
소리내지 않고 뱉어 내는 일이다

고독은
혼자 잠자고 있어 슬프다는 말이다
꿈틀거리는 자아를
찾지 못해 길을 잃고 헤매는
눈뜬 장님이 되는 일이다

누가 고독을 아름답다 했나
고독한 이는 사막에 버려진 미아인 것을
누가 고독을 슬프다고 했나
고독한 이는 돋은 날개로 행복한 것을

4. 結論

고독은
나를 찾은 기쁨이요
완성된 catharsis의 아름다움이다

바람 저편에 서면

그러하다
바람은 길 끝에서부터 불기 시작하고
바람의 파장이 어깨를 스쳐 갈 때쯤
그 때서야 비로소
길 위에 서 있음을 깨닫는다
서로 닿지 못하는 동안의 떨림과
서로 닿았을 때의 흔들림,
그 짧은 교차가 허공을 진동하면
어느새 길은 또 멀어진다

바람이 분다
바람 저편에 서면
지독한 고요함에 슬픔이 밀려온다

누구나 외로운 사람이다

내 모습에 그대가 있고
그대 모습에 내가 있다

가슴이 머무는 곳에
눈길이 닿으면
바다가 보인다

등 뒤의 그림자처럼
누구나 외로운 사람이다
그래서
사랑하고 싶다

정차(停車)

차를 달리면 보이는 어둠 속에 빛나는
가로등 불의 좁아지는 행렬이 아름답다
차 안에서 보이는 하늘은 좁은 세상의 한 켠.
깜깜한 하늘에 별 하나 없음이 울컥 서러워진다
좁아지는 가로등 불의 길처럼 마음도 좁아진다
바라보면 끝이 있는데 따라가면 끝이 없어
쫓을 수 없는 몸이 힘에 겹다
차를 세우고 다시 바라다보니
아름다운 길 위엔 흔들리는 마음이 누워 있고,
그 곁에는 사랑이 웃고 있다

고백

그런 날이 있습니다
가슴속 돌덩이들이
이유도 없이 탑을 쌓고는
와르르 무너져 내리는

어디론가 손을 뻗어 보지만
잡히질 않습니다
모르겠습니다
사랑은 왜 돌탑을 쌓고는
힘없이 무너져 내리는지

허둥대며 또 쌓는 일이
어리석음임을 압니다
쓰러져 가두어진 창 하나
애처로이 불 밝히려 함이
밤하늘 별을 따는 일인 것임을

하지만 당신은 모르십니다
수없이 무너진 돌탑 속에
하염없이 떨어진 별빛에
쏟아 놓은 고백의 말들이
더 깊은 사랑을 쌓고 있음을…

부재(不在)

'그 곳에 있지 않음.'
때론, 막연한 사전적 의미보다
더 막막한 갈증이 일렁인다
언제 다 타 버릴지 알 수 없는
내 안의 말들
혹은, 그 안의 그리움
어쩌면 우리, 우리들의 초상(肖像).

구겨진 알루미늄 병뚜껑에
꾸역꾸역 치미는 잔상(殘像) 하나
휘어지게 눌러 담고는
병째로 마셔 버린다
투명한 액체 속 언어들
온몸에 퍼져
갈증이 해갈되도록 그리웁게

부재(不在)…
목이 마르다
지독한 폐허(廢墟)처럼
잿더미로 남아있는 그 바다
그리고 마지막 내 영혼 속에서…

술 한잔 하시겠습니까

취하고 싶은 건
몸이 아니라 마음입니다

술 한잔은 어리숙한 고독
비워도 채워지는 상념
술 한잔은 지독한 외로움
가져도 텅 빈 시간

그래도 함께
술 한잔 하시겠습니까

취하고 싶은 건
술이 아니라 사랑이랍니다

사랑, 그리고 그리움

사랑, 그리고 그리움

사랑의 방정식

x 또는 y
예정된 미지의 수치로
등식이 성립되고
사랑과 미움,
그리움과 기다림은
같은 명제로 방정식을 이룬다

사랑,
한 발 내디디면
또 한 발은 늘
같은 거리로 따라올 뿐
앞서 나가지 않는다

말해야 할 때,
외치고 싶을 때
잠잠히 있어야 함이
괴로움의 배가 되듯

사랑해야 할 때
기대고 싶을 때
그리워해야 함은

서러움의 곱이 될 뿐

사랑의 방정식
그 해답을 풀어내기 위한
정해진 한 발의 거리는
알 수 없는 침묵으로
숨죽이고 있다

네모난 사랑

절반을 접어도 언제나 같은 각이다
직각…
넘치지도 모자라지도 않는
90도의 사랑
벽을 세운 애증(愛憎), 그리고
뾰족한 상실…

수없이 접어야 했던 날에
만나고 싶지 않던 직각을
사방으로 달리고 또 달려도
부딪치는 사각의 구석에서
하염없이 그 각을 만나고 있었음을
넌 모른다

둥그러지고 싶은 날
한없이 으스러져
끝없이 구르고 싶은 날엔
기꺼이 묻고 싶다
네 귀퉁이 뾰족한 사랑 속에
감춰진 아픔이
때론 진실인지 거짓인지

세월 속에 깊어지는
네모난 사랑에 대해…

사랑이란

사랑은
시작도 끝도 알 수 없이
입술을 적시면 가슴이 몽땅 젖어
거슬러 오르지 않고 흘러내리는 물줄기다

사랑은
시작과 끝이 확연하게
눈빛을 태우면 영혼까지 태워 버려
새하얀 재만 남기고 다 타 버리는 불기둥이요
근원지도 모른 채 불어와
마법의 주문처럼 제멋대로 흔들어 대는
세찬 바람이다

사랑은
영원히 위대한 자연이고
멈출 수 없는 운명의 수레바퀴다

사랑의 메아리

사랑해~
라고 부르면 사랑은 온다

어떨 땐
비밀스런 연인의
작고 감미로운 속삭임으로 오지만

어느 때는
먼 산을 바라보는
절벽(絶壁)의 그리움으로 온다

마주보고 웃으며 끄덕여도
눈을 감고 고개 저어 흔들어도
메아리는 언제나 되돌아오듯

사랑해~
라고 부르면 사랑은 온다
짧은 속삭임으로, 긴 그리움으로…

그래서 사랑입니다

그런가요, 그렇군요
마음과 마음이 만나
살다 보면 사랑도 하는 거죠
행복을 느꼈다면 그게 사랑이겠죠

그래요, 그렇지요
가슴과 가슴이 부딪혀
살다 보면 이별도 하는 거죠
아픔에 울었다면 그게 사랑이겠죠

만나고, 헤어지고…
그레서 사링입니다
하지만 영원한 사랑은 없어요
사랑은 잊혀지기도 하거든요
때문에 사랑은 슬픈 거랍니다

사랑, 하찮은 사랑

울어 소리 나는 것들은
다 멈추라
그대의 울음이 바람을 흔드니
초라한 가슴마저 흔들린다

뜨거운 햇볕은 한낮에 울고
밤은 차가운 그늘에 우는데
사랑의 절정에 하늘이 울고
사랑의 종말에 땅이 우니

사랑, 그 하찮은 것이
밤낮으로 세상을 적신다
아, 그녀는
젖어 얼룩지는 그 맘을 알까나…

쓸쓸한 사랑

텅 빈 안에 그리움 쌓이면
아득히 울려 퍼지는 음악소리
입가를 맴도는 흥얼거림 위로
어둠을 뚫고 오는 입술 하나
사랑일까
사랑이었을까

고독이 밤을 구속할 때
대책없는 사유(思惟)가
가슴에 불덩이처럼 타오르면
어둠은 환한 불빛이 된다
사랑이 된다
쓸쓸한 사랑이…

사랑을 묻는 그대여

아무 것도 모릅니다
하지만 하고픈 말이 있습니다

당신을 사랑한 이유가 한 가지라면
당신을 미워할 이유가
백 가지가 넘는다 해도
사랑을 묻는 그대여
당신께 오롯이 말하고 싶습니다

사랑이
물 위를 걷는 구름처럼 허망할지라도
사랑은
물속에 잠긴 태양보다 아름답기에
미움의 이유를 앞서는 것이라고

그래서
부질없는 꿈을 꾸는 것이라고

사랑, 그리고 그리움

당신을 생각하는 일은
시작도 끝도 없는 일이라서
진종일 당신만 생각하며
그리워해도 슬프지 않습니다

가슴을 일렁이던 은빛 물결
흔들린 사랑의 한 줄기 외는
더는 흐르는 그 무엇도
눈물이 될 수 없음이기에

당신이 내 사랑의 시작이라면
내 그리움의 마지막 또한
어쩔 수 없는 당신이라고
오늘도 고개 숙여 생각하나니

가슴앓이에 마음이 허허로워도
구비구비 흐르는 세상
천지에 슬픔이 마를 때까지
당신은 오롯이 내 그리움입니다

봄처럼 사랑이 온다면

좋겠다
찬바람 잠재울 봄 햇살
그리움의 언덕 위를
뛰어놀면 좋겠다

파란 하늘 아래
기다림에 야윈 키 작은 나무
목마른 나뭇가지 끝에
숨바꼭질하는 사랑

좋겠다
닿을 듯 말 듯 속삭이며
봄처럼 사랑이 온다면
참 좋겠다

그리움이 짙어질수록

그리움이 짙어질수록

파문(波紋)

흔들린다
흐르는 피아노 선율이 흔들리고
사랑을 등진 외로움이 흔들리고
차 오르는 욕망이 흔들린다

바람이 불면
강물에 잠긴 나뭇가지 흔들려
침잠된 고독이 수면 위에서 떨리고
노래는 슬픔 되어 하늘로 퍼지는데

봄날, 강물을 헤엄쳐 오는 햇살은
가슴에서 요동을 치니
아, 누구도 흔들지 못한 그리움에
오랜 파문(波紋)이 인다

먼 산에 노을 지면

금방이라도 품에 안길 듯
두 눈 가득 붉게 차오르는
아름다운 저녁 노을

너른 창가에 머물던
그리운 얼굴
조각 구름 되어 흩어질 때

서산 마루에 걸어둔 진한 향기
소리없이 가슴을 파고들어
눈가에 이슬이 마릅니다

그대여
먼 산에 노을 지면
그대로 그렇게 머물어 주세요

애틋한 마음 가득
구름에 가두어 둔 채
그대와 함께 흩어지고 싶으니…

마음

보이지 않아도
보지 않으려 해도
전해지는 마음
강물로 흐르고

건네지 않아도
잡으려 하지 않아도
담아지는 마음
바다로 흐르는데

놓으려 해도
달아나지 못해
비울 수 없는 마음
어디로 흐르는가

비처럼 음악이 흐르면

유채색 상념으로 흐르는
a tempo 선율
흐느끼는 그리움의 발라드

어둠 속에
비처럼 음악이 흐르면
가슴선 마디 마디
매달리는 하얀 빗방울

고독이 내리면
투명하게 간직된 그리움
빗방울 터트리며
애절한 사랑을 노래한다

그리움의 까닭

깜깜한 밤하늘보다 깊은
외로움의 까닭이 사랑이라면
먼 하늘 조각달인 그대
바라보는 것은 슬픔입니다

어둠이 걷힐 때까지
기다리는 까닭 또한 사랑이라면
총총한 별 사라져 가는
새벽 하늘 맞는 것은 아픔입니다

세월이 가고
달이 지고, 별이 져도
그대를 사랑하는 내 마음은
변할 수 없는 그리움의 까닭입니다

기다림이란

기다림이란
하얀 심장을 새빨갛게
달구는 일이다

찜통 속의 공기가 열을 내며
신음을 토해 내듯
가슴에 맴도는 그리움이
펄펄 끓어 김이 오를 때까지
뜨겁게 달구는 일이다

기다림이란
뜨거운 그리움을
무시로 또 데우는 일이다
하얗게 녹아버릴 때까지…

그리움이 짙어질수록

그립다고 말한들 그리움이 줄어들까
그리움을 감춘들 그리움이 사라질까
이렇게 우두커니 그대를 생각하면
저절로 두 눈이 감기는 걸
주르륵 눈물이 흐르는 걸…

돌이킨 시간 인연의 늪에 빠져
이별도 하지 못할 슬픔에 서 있으니
그리움이 짙어질수록
회한(悔恨)의 다리만 길어지는데
애상(哀傷)만 깊어지는데…

그립다고 말한들 그리움이 줄어들까
그리움을 감춘들 그리움이 사라질까
사랑한 사람아
보고 싶은 사람아
이 그리움 모두 가져가 다오

바람이 불면

가을도 아닌데
창밖에
바람 앉은 나뭇가지에서
잎새가 떨어지네

스산한 허전함
떨어진 잎새에 머물고
보고픈 마음
잡초 위에 뒹구니

바람이 불면
허기져 떨어진 그리움
내 맘을 아프게 하네

꿈길에서

사랑하는 이여
그대 본 지 오래되어
가량가량한 그리운 얼굴
기억 속에서 가물거리니
오늘밤은 꿈속에
달빛으로 길을 내어
너그러운 미소 환히
홀연히 걸음하소서

야속한 당신
바람결에 스쳐 간들
허망한 숨결이라
뉘라서 탓하리오
행여 꿈이라도 깰까
오도가도 못할 길목에서
조심스레 반기리다

보고픈 이여
그대 만나 기쁜 순간
하냥 짧아 아쉬워도
섬섬옥수 그리운 정
뼛속 깊이 사무치리니
꽃길 펼친 내 꿈길에
다정한 모습으로 오늘밤
선선히 걸음하소서

그리움의 설산(雪山)

눈이 내리면
사랑에 굶주린 겨울 산
뽀얗게 오른 그리움으로
발자국 담은 길을 낸다

어디쯤일까
한 걸음씩 오를 때마다
희미해지는 산기슭
부질없는 손짓을 하고
만남의 길도
이별의 길도
이정표 없는 길이었음을
깨닫게 한다

눈이 오면
그리움은 산(山)이 되고
하아얀 사랑 기다리며
구불구불 끝없는 길을 낸다